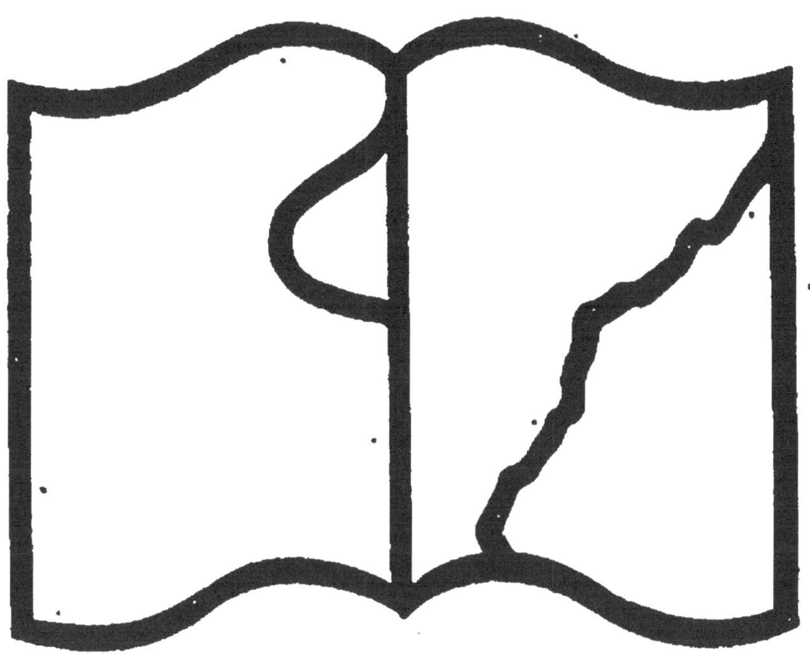

Texte détérioré — reliure défectueuse

NF Z 43-120-11

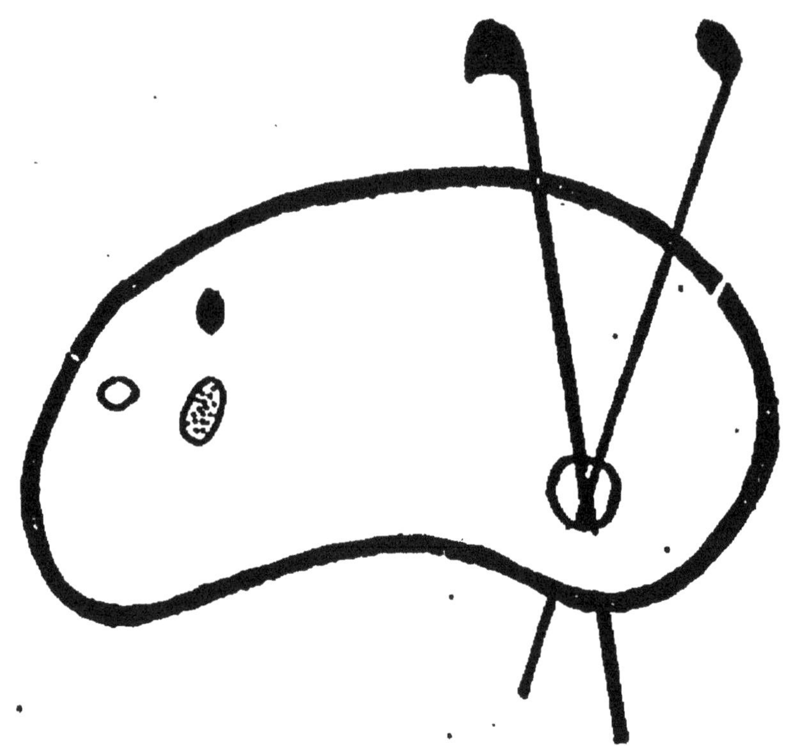

DEBUT D'UNE SERIE DE DOCUMENTS
EN COULEUR

E·FALLOT
LA
SOLUTION FRANÇAISE
DE LA
QUESTION
DU MAROC
A. DAM
LIBRAIRIE. CH. DELAGRAVE. 15 RUE SOUFFLOT. PARIS
Prix : 1 fr. 20

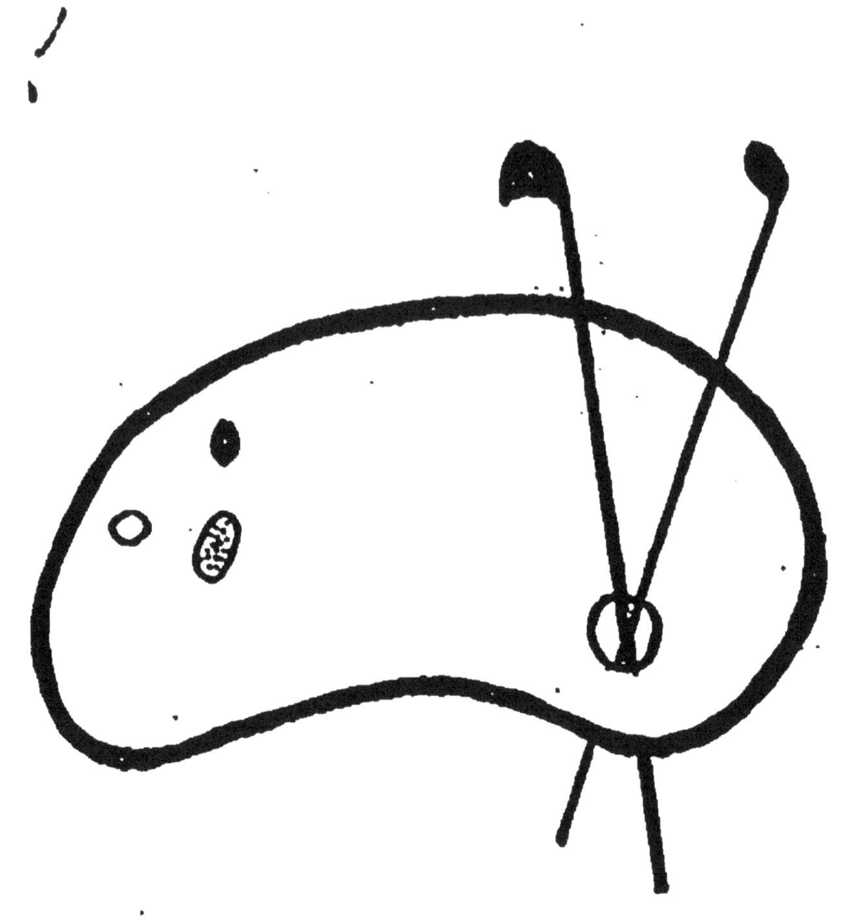

FIN D'UNE SERIE DE DOCUMENTS
EN COULEUR

LA SOLUTION FRANÇAISE

DE LA

QUESTION DU MAROC

PAR

Ernest FALLOT

AUTEUR DE « L'AVENIR COLONIAL DE FRANCE »

Avec une carte de l'Afrique du Nord

PARIS

LIBRAIRIE CH. DELAGRAVE

15, RUE SOUFFLOT, 15

LA SOLUTION FRANÇAISE

DE LA

QUESTION DU MAROC

I

LE PAYS

La partie septentrionale du continent africain, qui comprend le Maroc, l'Algérie et la Tunisie, forme un tout géographique complet. Entièrement isolée, à l'est, au nord et à l'ouest, par la Méditerranée et l'Atlantique, au sud par le terrible désert du Sahara, elle justifie son nom d' « île de l'occident » (Jezirct-el-Maghrib) que lui ont donné les Arabes. Son ossature est constituée par un unique système montagneux, celui de l'Atlas, massif aux sommets neigeux au Maroc. Ce sont deux de ses ramifications, d'une faible élévation et parallèles au littoral qu'elles dominent de leurs escarpements, qui embrassent les hauts plateaux d'Algérie, dont elles forment, au nord et au sud, les rebords, et qui, réunies de nouveau dans une chaîne unique, prennent la Tunisie en écharpe pour finir au

Séville
Grenade
ESPAGNE
Almeria
Oran
Oudjda
Debdou
Fez
Taza
Meknès
Marrakech
Dj. Siroua
Taroudant
O. Sous
TAFILELT
Petit
Oued Draa
TADJACANT
Tindouf
SAHARA
Igli
O. Zousfana
GOURARA
Timimoun
Adrar
TOUAT
el Erg
O. Tensift
Ch. el Gharbi
S
A

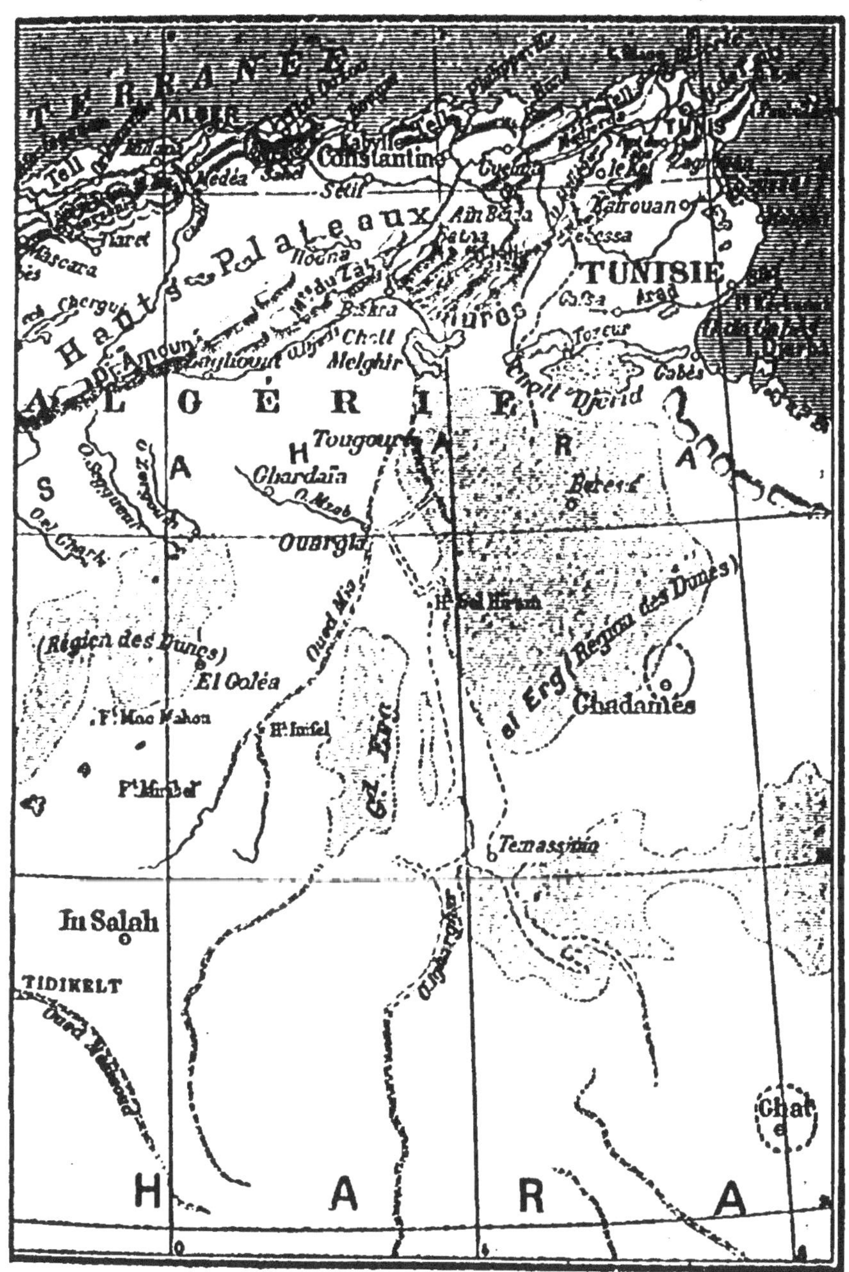

TERRANÉE
Constantine
Médéa
Sétif
Tiaret
Mascara
Kabylie
Hauts Plateaux
Hodna
Aïn Beïda
Kairouan
TUNISIE
Biskra
Chott
Melghir
Gafsa
Tozeur
Gabès
Chott Djerid
ALGÉRIE
Touggourt
SAHARA
Ghardaïa
O. Mzab
Ouargla
(Région des Dunes)
El Goléa
Oued Mia
el Erg (Région des Dunes)
Ghadamès
Temassinin
In Salah
TIDIKELT
Ghat
H A R A

cap Bon. Par son climat et sa végétation, ce grand quadrilatère, qu'on pourrait justement appeler le Pays de l'Atlas, se différencie de la façon la plus nette du reste de l'Afrique, et apparaît comme la continuation de l'Europe, dont elle n'est séparée que par les 14 kilomètres du détroit de Gibraltar, à tel point qu'on pourrait la prendre pour un morceau séparé de ce continent qu'un caprice inexplicable de la nature aurait rattaché à une autre partie du monde. Le voyageur qui visite l'Algérie se figurerait presque, s'il fait abstraction de la population indigène, n'avoir pas quitté la Provence et les Alpes-Maritimes, et ce n'est que lorsqu'il a franchi les plateaux et atteint les premières oasis sahariennes qu'il a la vision d'un monde nouveau et qu'il peut pressentir la vraie Afrique, le pays des noirs qui s'étend par delà le désert.

Cette unité physique de l'Afrique du nord devrait avoir pour conséquence logique son unité politique : l'histoire nous apprend qu'elle a été effectivement réalisée chaque fois qu'a paru sur ses rivages un peuple vraiment fort par son organisation ou sa foi religieuse, les Romains, par exemple, et les Arabes. Actuellement, nous voyons cette région morcelée par les événements ; mais tout fait prévoir que la force des choses en rétablira tôt ou tard l'unité. Déjà les deux pays qui forment sa partie orientale sont placés sous la domination de la France, et malgré la diversité des méthodes administratives employées dans ces deux colonies, le but poursuivi est le même et les résultats obtenus tendent de plus en plus à les rapprocher en les élevant au niveau de la civilisation européenne. Au contraire le Maroc, le « Maghrib-el-Aksa », l'Extrême Occident des Arabes, se considère comme la citadelle de la foi et de la civilisation de l'Islam et s'enferme dans un isolement farouche.

L'Algérie et la Tunisie, occupées militairement et administrées par une puissance civilisée, sont deux pays régulièrement constitués, et où l'action gouvernementale se fait sentir d'un bout du territoire à l'autre. On aurait tort de croire qu'il en est de même au Maroc. Son souverain reconnu par les puissances européennes, le Sultan de Fezet, de Marrakech, n'exerce son autorité politique que sur une très faible partie de l'espace que nos cartes baptisent du nom de Maroc, et encore l'étendue du territoire soumis varie-t-il continuellement suivant le sort des insurrections qui naissent à chaque instant sur un point ou sur un autre; le reste du pays jouit d'une indépendance politique complète. Contrairement à ce qu'on pense généralement en France, le Maroc est en réalité un État qui n'a pas de frontière, ou dont les frontières varient tous les jours (1). Le Maroc tel que nos cartes le figurent ne doit donc être considéré que comme une expression purement géographique, qui, dans le domaine administratif, ne répond à rien de précis et englobe, à côté d'un grand nombre de tribus indépendantes, une faible étendue de pays soumise à l'autorité du Sultan. C'est uniquement dans ce sens que nous emploierons le terme de Maroc, car ce serait travestir la réalité des faits que de lui en attribuer un autre.

Cet angle nord-ouest du continent africain, qui en est la partie la plus rapprochée de l'Europe, en est

(1) Une convention de 1845 a tracé une frontière entre le Maroc et l'Algérie, mais seulement sur un peu plus de 100 kil. à vol d'oiseau.

resté, jusqu'à une époque très rapprochée, la moins connue. La chaîne de l'Atlas a retenu l'un des coins du voile qui recouvrait la mystérieuse Afrique, plus longtemps même que les régions du Niger, du Congo et du Nil. Si le littoral marocain n'a pas cessé, depuis l'antiquité, d'être fréquenté par les navires d'Europe, l'intérieur est resté fermé aux étrangers par les défiances de la population autant que par l'impuissance du gouvernement. Il a fallu le dévouement héroïque d'une série d'explorateurs, qui n'ont pas craint d'exposer leur vie en se mêlant aux indigènes sous un déguisement musulman ou israélite pour mener à bien cette œuvre géographique pleine de périls, et nous révéler les traits généraux de la configuration du Maroc. Retenons les noms de cinq d'entre eux : l'allemand Rolhfs, l'autrichien Lenz et trois de nos compatriotes, René Caillé, le vicomte de Foucauld et le marquis de Ségonzac (1). Grâce à eux et à beaucoup d'autres qu'il serait trop long d'énumérer, bien que de nombreuses parties de cette vaste contrée n'aient pas encore été visitées par des Européens, les grandes lignes de la topographie sont connues, et l'on a rassemblé une quantité suffisante de renseignements de toute nature pour qu'il ait été possible de dresser une carte relativement exacte de ce pays, et pour permettre de s'en faire une idée nette au point de vue non seulement physique, mais encore politique et économique.

Le Maroc de nos cartes est en partie recouvert par

(1) Il faut mentionner également l'œuvre d'un savant allemand, M. Paul Schnell, *L'Atlas marocain*, traduite par M. Augustin Bernard, qui, pour être un travail de cabinet, n'en est pas moins capitale pour l'étude du Maroc.

une énorme chaîne de montagnes, la plus considérable de l'Afrique, qui, par l'altitude de certains de ses sommets recouverts de neiges éternelles, pourrait rivaliser avec les Alpes, si elle possédait les glaciers qui lui font défaut. Orienté du sud-ouest au nord-ouest, l'Atlas marocain commence au cap Ghir et au cap Noun, au sud de Mogador, sur l'Atlantique, et finit au cap Ras-ed-Deïr ou des Trois Fourches, près de Melilla, sur la Méditerranée. Il divise ainsi en deux versants l'espace que nos cartes teintent très bénévolement aux couleurs du Sultan. Celui qui regarde les deux mers s'incline par des pentes adoucies, recouvertes parfois de grandes forêts de chênes-liège et de cèdres, vers une vaste plaine ou une série de plateaux qu'arrosent de nombreux cours d'eau et plusieurs grands fleuves. C'est là que se trouve le véritable Maroc, avec ses innombrables villages, ses grandes villes et ses deux capitales. Le versant tourné vers l'intérieur du continent présente un caractère tout différent. Taillée à pic de ce côté, la montagne forme une immense muraille de roche dénudée dont les escarpements ne sont franchissables qu'aux deux extrémités, le long de la mer, et par quelques cols difficilement accessibles. Une seule route commode, formée par un affaissement très marqué du terrain, étroite continuation de la plaine atlantique, qui sépare l'Atlas proprement dit de ses ramifications du Rifl, traverse le nord du massif et établit des communications faciles entre le Rharb, c'est ainsi que l'appellent les habitants, et le reste de l'Afrique du nord.

Le système de l'Atlas n'est pas constitué par une chaîne unique; il se compose de plusieurs chaînes dont la direction est sensiblement parallèle. Au cœur du massif se dressent les sommets toujours couverts de neige du Haut Atlas que domine de sa masse imposante le pic connu des Arabes sous le nom de Djebel-Aïachi et des Berbères sous celui d'Ari-Aïach. Son sommet neigeux, escaladé récemment pour la première fois par M. de Ségonzac, atteint 4.300 mètres. Dans son voisinage l'Ari-Anouqqal a 4.000 mètres, l'Ari-Abari, l'Ari-Tamazalt et l'Ari Aït-Yahia-ou-Youssef ont environ 3.500 mètres d'altitude et l'Ari Ali-ou-Brahim et d'autres sommets 3.000 mètres. A l'est de l'Ari-Aïach, le Haut Atlas se continue par le Djebel Hadid jusqu'au Chott Tigri. Au sud-ouest le Djebel Siroua paraît avoir une altitude de 3.000 mètres; le Djebel Teza, au sud de Marrakech, s'élève à 3.500 mètres. Plus à l'ouest et non loin du cap Ghir, le Djebel Ifgik a encore entre 3.000 et 3.500 mètres. Les cols de Telremt (2.182 mètres), de Glaoui ou de Talouet (2.634 mètres), de Tagherout (3.500 mètres) et de Bibaoun (1.250 mètres), permettent de franchir cette chaîne, que les indigènes nomment Idrasen-Deren, dans sa partie occidentale. Plus au nord, et parallèlement à la chaîne principale, courent les hauteurs de l'Anti-Atlas ou Petit Atlas, dont l'altitude moyenne paraît être de 1.500 à 2.000 mètres. Son sommet a la forme d'un plateau légèrement ondulé, pierreux ou peuplé d'alfa dans sa partie orientale et centrale, et couvert au contraire dans sa partie occidentale d'une couche d'excellente terre végétale. Il finit sur la Méditerranée au cap Noun. L'Ari-Aïach forme une sorte de nœud central, d'où se détache au nord le Moyen Atlas. Ce massif est composé lui-même de quatre chaînes parallèles, qui tombent en terrasses vers la plaine : celle que forment le Djebel Reggou (3.000 mètres), le Djebel Ouled-Ali (2.800 mètres) et le Djebel Almi (2.900 mètres); celle des Djebel Fazaz et Bou-Iblan, qui porte le pic de Moussa-ou-Çalah, haut de 4.000 mètres, où les neiges persistent pendant l'été; celle de l'Ari-Bou-doua et de l'Ari Bou-Gader, qui a de 1.800 à 3.000 mètres, et enfin celle du Djebel Tazekka, haute de 2.800 mètres. Toutes quatre paraissent se réunir près de Taza, où passe la ligne de partage des eaux entre les deux grands versants, et où s'abaisse la ligne de faîte au point de former l'unique grande brèche dans le mur montagneux.

Le massif du Riff, qui prolonge l'Atlas au nord de la trouée de Taza jusqu'à la Méditerranée, n'était connu que par des renseignements indigènes jusqu'au voyage exécuté en 1901 par M. de Ségonzac. Il est formé de deux chaînes concentriques qui suivent à distance l'échancrure formée par le rivage entre le cap des Trois-Fourches et la pointe de Ceuta. La principale, qui renferme le Djebel Tiziren, haut de 2.500 mètres, sépare les petits bassins côtiers, dont les eaux vont se perdre dans la Méditerranée, du bassin du Sbou, le grand fleuve marocain de l'Atlantique. Une autre chaîne qui abandonne la première au Djebel Beni-Hassen, dont l'altitude est d'environ 2.000 mètres (1), s'élève entre les vallées des deux affluents septentrionaux de ce fleuve, l'oued Ouerra et l'oued Innaouen, qui descend des environs de Taza.

Le versant oriental et méridional du massif de

(1) 2.010 d'après les cartes marines, 2.201 d'après Duveyrier (*Le Riff*, p. 14.)

l'Atlas marocain, celui qui regarde vers l'intérieur du continent, se dresse au-dessus de vastes plaines qu'arrosent divers cours d'eau. Au nord s'étend la vallée de la Mlouïa, qui sépare effectivement l'Algérie du Maroc, et qu'il eût peut-être été logique en 1845 de choisir comme frontière, plutôt que la ligne purement conventionnelle qui a été adoptée. Cette vallée est renfermée entre l'Atlas marocain à l'ouest et au sud, et les plateaux algériens à l'est ; elle porte à la Méditerranée toutes les eaux qui descendent des hauteurs par ce versant. Bien que séparée du Sahara par la partie du Grand Atlas qui forme sa ceinture méridionale, elle est, par un phénomène singulier, d'une nature presque désertique. A peu près inculte en dehors des parties irriguées, ne donnant des récoltes de céréales que les années de pluies abondantes, elle paraît constituer une de ces régions de transition entre les pays de cultures régulières et le Sahara, telles que l'Arad tunisien. Dans le haut de son cours, au milieu de la plaine blanche et aride, ses rives bordent une série de véritables oasis, où des canaux d'irrigation créent de magnifiques jardins, plantés de toutes sortes d'arbres fruitiers, dans la verdure desquels se cachent des villages : Kasbat-el-Makhzen, Misour, Outad-Oulad-el-Hadj, qu'entourent de magnifiques forêts d'oliviers, jalonnent au milieu d'étendues désertiques le cours de la Mlouïa. Plus bas ce fleuve longe le pied du Moyen Atlas, sur les flancs duquel s'étagent des groupes importants de populations, tels que Tirnest, Feggous, Reggou, qui se compose de 15 villages. Le fleuve reçoit ensuite deux affluents importants. Le premier, sur sa rive gauche, est l'oued Mlillo, qui descend du

Djebel Moussa-ou-Salah à travers les replis du Moyen Atlas, du milieu de vallées encaissées, mais extrêmement fertiles et abondamment peuplées, notamment celle des Beni-Bou-Ncer, qui ressemble à la « rue d'un long village (1) ». Le second grand affluent de la Mlouïa, sur sa rive droite, est l'oued Za, dont le cours est beaucoup plus développé, et dont le bassin supérieur est séparé du fleuve principal par les hauteurs du Rekkam ; il recueille les eaux des hauts plateaux et traverse, avant d'arriver au confluent, une zone de jardins et de riches cultures que dominent les montagnes boisées, où est construite, dans une position délicieuse, la petite ville de Debdou. Avant d'arriver à la mer, la Mlouïa traverse encore la plaine de Tafrata, au sol sablonneux, et qui reste parfois plusieurs années sans être couverte de végétation ; elle se jette dans une large baie, presque en face des îles Zaffarines.

Tandis que vers le nord les eaux du Grand Atlas vont à la Méditerranée par la Mlouïa, celles qui coulent sur son versant méridional se dirigent vers le Sahara, où elles se perdent, formant l'oued Guir, qui coule vers le Touat, l'oued Ziz et l'oued Guers, qui se réunissent au Tafilalet, et l'oued Draa, dont la ligne longeant le pied du Petit Atlas, se poursuit jusqu'à l'Atlantique. Le lit de ces cours d'eau trace, au milieu du désert, une étroite bande de verdure, où l'abri des palmiers permet d'autres cultures.

Tout ce versant de l'Atlas, bien que nous ayons l'habitude de l'englober dans le Maroc, est considéré par ses habitants comme indépendant du Sultan, à

(1) De Segonzac, p. 204.

l'exception du Tafilalet et de quelques petites localités. Il constitue une région géographiquement et économiquement très distincte du versant septentrional.

C'est donc bien le versant nord-ouest de l'Atlas, le versant maritime, avec ses montagnes aux pentes atténuées, avec sa grande plaine étendue entre les massifs alpestres et la mer, avec ses grands fleuves dont le lit n'est jamais à sec, avec son climat tempéré et ses pluies régulières, qui constitue le véritable Maroc ; c'est lui seul qui s'appelle le Rharb.

Les rives marocaines de la Méditerranée sont dominées par les montagnes du Riff, qui se détachent vers le nord de la chaîne principale de l'Atlas, comme le Dahra en Algérie et la Kroumirie en Tunisie. Généralement déboisées, elles sont couvertes par endroits de forêts de chênes-liège et de plantations d'oliviers et d'amandiers. Les parties élevées sont arides et pauvres, tandis que les fonds de vallées sont au contraire partout d'une admirable fertilité. Dans cette région, la Méditerranée ne reçoit que de petits fleuves côtiers, dont l'embouchure se trouve dans les diverses baies qui échancrent ses rivages : baie de l'oued Qert, baie d'Alhucémas, baie de Chechaouen, baie de Tetouan. Les plus importants des cours d'eau qui s'y jettent sont à l'est l'oued Qert, qui finit à l'est de Melilla, et à l'ouest l'oued Martil, qui arrose Tetouan, et l'oued El Laou, qui passe à Chechaouen. Ces deux derniers bassins sont séparés par le Djebel Beni-Hassen, splendide région, admirablement cultivée en céréales et en jardins. « Ce n'est, dit M. De Foucauld, qui la visita au mois de juillet (1), que vie, richesse, fraîcheur. Des sources

(1) *Reconnaissance au Maroc*, p. 6 et 9.

jaillissent de toutes parts ; à chaque pas on traverse des ruisseaux : ils coulent en cascades parmi les fougères, les lauriers, les figuiers et la vigne, qui poussent d'eux-mêmes sur les bords. Nulle part je n'ai vu de paysage plus riant, ni d'habitants plus laborieux... Je ne me lasse pas d'admirer cette merveilleuse quantité d'eau courante qu'on rencontre tout le long de la route : si ce n'est dans les hautes vallées de la Suisse, je n'ai vu nulle part un aussi grand nombre de sources, de ruisseaux grands et petits, tous pleins d'eau douce et limpide. »

De l'autre côté du détroit, le premier cours d'eau de quelque importance que l'on rencontre est l'oued El-Kous ou Loukkos, qui arrose le sud de la presqu'île que l'Afrique envoie au-devant de l'Europe, et qui se termine à Ceuta, à Tanger et au cap Spartel. Dans son cours de 135 kilom., il traverse la région des Djebala, il arrose la petite ville de Ksar-el-Kebir : c'est le célèbre Lixus des anciens. « La route que je suivais, raconte un voyageur qui a parcouru ce beau pays (1), se faisait jour à travers un haut gazon émaillé de fleurs... Les myrtes sauvages, les citronniers, les grenadiers, les lauriers-roses exhalaient de molles senteurs qui provoquaient aux douces rêveries. Des milliers d'orangers offraient leurs pommes d'or aux dernières caresses de l'astre qui les fait mûrir. La fable place dans cette contrée le jardin des Hespérides : mon imagination enivrée me disait qu'il était là, sous mes yeux.

Au sud de la vallée du Kous, on entre dans le bassin du Sbou, le grand fleuve du Maroc. Ce ma-

(1) Narcisse Cotte. — *Le Maroc contemporain*, p. 289.

gnifique cours d'eau, qui serait navigable jusqu'au pied des montagnes, s'il existait des embarcations pour utiliser cette voie naturelle, reçoit presque toutes les eaux du Moyen Atlas et du Riff. Son cours supérieur descend des hautes vallées du Moyen Atlas, de l'Ari-Haïan et de l'Ari Tazaz-Terzelt qui se joignent au massif de l'Ari-Aïach dans le pays des Béni-Mgild, « larges vallées fertiles, pentes herbeuses et forêts immenses (1) » ; il porte d'abord le nom d'oued Gigo, qu'il conserve jusqu'au moment où il reçoit les eaux d'une source qui lui donne son nom, l'Aïn-Sbou, à laquelle les populations indigènes attribuent des vertus merveilleuses, et qui naît dans un site admirable. Il coule ensuite à travers des vallées remplies de villes et de villages qu'entourent de beaux jardins et de magnifiques cultures, et sort des montagnes non loin de Fez, l'une des capitales et la ville la plus peuplée du Maroc. Il reçoit ensuite à droite un affluent d'une importance considérable, l'oued Innaouen, dont la vallée occupe la dépression qui sépare l'Atlas du Riff. Cette rivière, qui coule directement de l'est à l'ouest, a un cours sinueux et torrentueux. Sa vallée peu cultivée quoique fertile a un aspect triste et sévère. Au nord de l'oued Innaouen, le Sbou reçoit un autre grand affluent, l'oued Ouerra, dont la vallée, à peu près parallèle à la précédente, traverse les territoires du Riff et des Djebala. C'est encore à M. de Ségonzac, le seul voyageur européen qui l'ait visitée, que nous en emprunterons la description : « La vallée », dit-il (2), est large et

(1) De Ségonzac, p. 224.
(2) P. 66 et 68.

riche. Les oliviers disséminés dans la campagne ont une apparence de prospérité; les moissons font aux sombres montagnes un manteau vert tendre et déjà jaunissant... Les oliviers croissent touffus et forment une véritable forêt. Des sources jaillissent de toutes parts, c'est bien le pays de l'eau, le « blad-el-ma » qu'on nous avait annoncé... Cette route merveilleuse, ce jardin, ce verger continu, nous mène au village de Bou-Adel, « la Syrie des Djebala », comme disent les habitants ». L'oued Innaouen et l'oued Ouerra rejoignent le Sbou sur sa rive droite. Plus bas, ce fleuve reçoit sur sa rive gauche deux autres affluents, l'oued Redem et l'oued Beht. Le premier coule non loin de la ville de Mecknas, qui est séparée de Fez par le massif du Zerhoun, où est enterré le fondateur de l'empire des Chérifs, Moulay Idriss, et par la plaine de Saïs, « terrain plat, couvert de palmiers nains, d'après M. de Foucauld (1); pas la moindre trace de cultures, bien que le sol soit très arrosé. » L'oued Beht descend lui aussi du Moyen Atlas, du pays des Beni-Mgild; il coule d'abord dans des ravins encaissés, aux flancs recouverts de magnifiques forêts de cèdres, au milieu desquels il « mugit comme un gave (2) »; plus bas il entre dans l'immense plaine d'alluvions des Beni-Hassan, où il confond ses eaux avec celles du Sbou. Cette région du bas Sbou, « d'une merveilleuse fertilité (3) », est considérée par M. Augustin Bernard comme le nœud vital, le véritable cœur du Maroc; dans le cours si remarquable

(1) P. 39.
(2) DE SÉGONZAC, p. 131.
(3) DE LA MARTINIÈRE. Notice sur le Maroc, extrait de la *Grande Encyclopédie*, p. 27.

par sa savante documentation qu'il a professé à la Sorbonne pendant l'année 1902-1903, il n'a pas hésité à dire qu'il la croit appelée à jouer le même rôle économique que le bassin de Paris pour la France ou le bassin de Londres pour l'Angleterre. Le Sbou, qui depuis sa source jusqu'à la mer a décrit un immense arc de cercle, se jette dans l'Atlantique près du pauvre village de Méhedia. Son embouchure est malheureusement obstruée par une barre de sable.

A une quarantaine de kilomètres au sud, et de l'autre côté de la grande forêt de chênes-liège de Mamora, entre les deux villes de Rbat et de Sla, vient déboucher un autre fleuve, dont le bassin est beaucoup moins étendu que celui du Sbou, l'Oued Bou-Regrag. Il descend, lui aussi, des hautes montagnes du Moyen Atlas. Une fois arrivé dans la plaine, il traverse le pays des Zemmour, dont les indigènes vantent la fertilité, mais qui n'est que partiellement cultivé. Cette région n'a été parcourue que par deux officiers français dont les travaux n'ont pas été publiés. Elle serait constituée par un plateau coupé de profonds ravins qui s'entre-croisent dans tous les sens, comme les mailles d'un filet, ce que les Arabes appellent une « chebka » (1). Avec ce bassin finit le Maroc du nord, le Rharb proprement dit, le royaume de Fez. Plus au sud se trouve le royaume de Marrakech, dont le nom, étendu par les Européens à tout le pays, est devenu par corruption Maroc.

Le bassin de l'Oum-er-Rebia est presque aussi étendu que celui du Sbou. Son nom, qui signifie

(1) Renseignement fourni à M. Augustin Bernard par le capitaine Larras.

« Mère des Pâturages », indique la richesse de ses rives en prairies. Les indigènes lui donnent également le nom de Morbea, qui paraît être la forme berbère du même mot. Descendu, ainsi que son grand affluent l'Oued El-Abid, du cœur du massif du Grand et du Moyen Atlas, du revers occidental de l'Ari-Aïan, il roule, après la fonte des neiges, dans son lit encaissé et profond, d'énormes masses d'eau, qui obligent parfois les caravanes à attendre plusieurs jours sur ses bords avant de pouvoir le franchir. Son cours est peuplé de poissons et en particulier d'aloses, qui ont permis d'établir des pêcheries. Il traverse la région du Tadela et les riches plaines des Chaouia, et finit dans l'Atlantique près des petites villes d'Azemour et de Mazagan. Plus au sud le grand et fertile plateau des Doukkala le sépare du bassin de l'Oued Tensift, dans lequel se trouve la capitale du Maroc méridional, Marrakech. Ce cours d'eau, beaucoup moins considérable que l'Oum-er-Rebia et le Sbou, ne roule que très peu d'eau pendant l'été, et subit au printemps de fortes crues. A son embouchure se trouve une barre de sable qui s'obstrue complètement à marée basse, pendant une partie de l'année. Il descend du Grand Atlas, dans la région du col de Glaoui, à travers des vallées encaissées et dénudées, dans le fond desquelles se trouvent de nombreux villages avec des jardins et des cultures ombragées de noyers.

Au sud de l'Oued Tensift, entre la partie du littoral qu'occupe le port de Mogador et les environs de Marrakech, s'étend un plateau peu cultivé, en partie couvert par une forêt clairsemée, tantôt de pins, de lentisques, de thuyas et de chênes rabougris, tantôt d'arganiers. Le seul point intéressant de cette région est la Zaouia de Chichaoua, sur un petit affluent de l'Oued Tensift, qui est entourée d'immenses jardins d'oliviers, d'orangers et de cédratiers (1).

Une dernière vallée termine le Maroc vers le sud ; c'est celle de l'Oued Sous. Bien que située au sud du Grand Atlas, elle ne fait point partie du Sahara, dont elle est séparée par le Petit Atlas, et au point de vue économique doit être rattachée au Maroc. Ce fleuve, bordé de cultures et d'habitations, forme une large bande verte, où les jardins, les champs et les villages se pressent sans interruption, à une dizaine de mètres au-dessous du niveau de la plaine. Large d'une quarantaine de kilomètres dans sa partie occidentale, cette vallée, parfaitement horizontale, est d'une fécondité merveilleuse, mais n'est que partiellement cultivée (2). L'élégance véritablement architecturale des constructions est un indice certain de la prospérité de ce riche pays.

Le Maroc ne présente pas plus d'unité au point de vue climatérique qu'au point de vue géographique. Ici encore le massif de l'Atlas le divise en deux parties nettement tranchées. Le versant oriental de la chaîne présente dans les vallées de l'Oued Draa, de l'Oued Ziz et de l'Oued Guir, tous les caractères du climat du Sahara, dont cette région forme partie intégrante, et dans la vallée de la Mlouïa, qui n'est pas absolument désertique, la rareté des pluies, l'excès

(1) Hubert Giraud, *Itinéraire de Mogador à Marrakech*. Congrès national des Sociétés Françaises de Géographie, session de Marseille, 1898, p. 507.

(2) De Foucauld, p. 190.

de la chaleur ou du froid suivant les saisons, rappellent le climat des hauts plateaux algériens.

Du côté du versant nord-ouest de l'Atlas, plusieurs circonstances influent sur le climat : la situation du Maroc à l'un des angles extrêmes du continent, entre deux mers, et dans la région où se font sentir les vents alizés, et l'existence sur son territoire du plus considérable des massifs montagneux de l'Afrique. Mais ces influences diverses n'agissent pas partout d'une façon uniforme : l'altitude et aussi la latitude viennent les contrebalancer. La région qui s'étend entre le pied des montagnes et l'Atlantique, ouverte aux vents frais et aux brises marines de l'ouest, et protégée au contraire contre les vents chauds du sud et de l'est venant du désert, offre un des types les plus parfaits du climat tempéré et constant. Mogador, où le thermomètre ne descend presque jamais au-dessous de 10° et s'élève très rarement au-dessus de 31°, possède un des plus merveilleux climats de la terre ; la douceur et l'égalité de la température permettraient d'y créer pour les malades une station rivale de Madère. Dans les villes situées au pied même de l'Atlas, où l'altitude est plus élevée et la mer plus éloignée, les différences thermométriques sont beaucoup plus considérables : à Fez les températures extrêmes sont de 18° et de 39° (1) ; à Marrakech la température hivernale descend parfois à 3° ou 4° au-dessous de zéro et la température estivale s'élève à 42° (2). Dans le nord du Maroc, entre le

(1) MACHAT, *Géographie physique du Maroc*, dans la *Revue générale des Sciences*, 15 janvier 1903.
(2) DE LA MARTINIÈRE, p. 32.

Sbou et Tanger, où l'on sent non seulement les vents de l'ouest mais ceux du nord, et aussi les courants aériens qui traversent le détroit de Gibraltar, la température est beaucoup plus humide que dans le sud. Les pluies sont très abondantes, surtout au printemps. Mais le climat est aussi tempéré qu'à Mogador ; à Tanger, le thermomètre oscille toute l'année entre 12° et 32°. A Fez et à Meknès le climat est moins humide qu'à Tanger et moins égal que sur la côte atlantique. Le climat du Rift est semblable à celui du littoral algérien. Enfin dans l'intérieur du massif de l'Atlas, la température d'hiver est celle de nos Alpes avec leurs froids et leurs abondantes chutes de neige. Dans son ensemble, le climat marocain, à l'ouest de l'Atlas, est caractérisé par l'abondance et la régularité des pluies, et, sauf en quelques points, par la modération des chaleurs de l'été. Il est donc infiniment meilleur que celui du reste de l'Afrique du nord, l'Algérie et la Tunisie.

Tel nous apparaît le Maroc, dans ses traits physiques les plus accentués, d'après les renseignements les plus exacts et les plus récents que l'on possède sur ce beau pays.

II

LES HABITANTS

Si le Maroc, envisagé au point de vue de la configuration et de la nature de son sol, présente les contrastes les plus violents : plaines horizontales et montagnes élevées, affreux déserts et pays de riches cultures, ses habitants ne sont pas moins dissemblables, soit que l'on recherche leur origine, soit que l'on considère seulement leurs mœurs et leur degré de civilisation.

Trois races principales ont concouru à former les 10 à 12 millions d'hommes qui constituent la population actuelle du Maroc : les Berbères, les Arabes et les Juifs. Mais il s'en faut de beaucoup que leurs représentants offrent toujours des caractères tranchés, et qu'il soit possible de rattacher tous les individus à l'une de ces trois catégories. Il s'est produit avec le temps de fréquents mélanges qui ont altéré dans la généralité des cas la pureté du sang, à tel point qu'il devient souvent difficile et parfois impossible de déterminer exactement à quelle race il faudrait attribuer telle tribu, tel ou tel groupe. Les habitants des villes en particulier, comme il arrive dans toute l'Afrique du nord, sont le produit du mélange de toutes les races qui ont successivement dominé sur le pays, et dans lesquelles se sont fondus depuis plusieurs siècles un nombre appréciable d'Européens de toutes les nationalités, esclaves importés jadis par la piraterie ou renégats venus plus récemment de leur propre volonté. Les nègres, introduits en grand nombre du Soudan comme esclaves, ont aussi contribué d'une manière très sensible à altérer la pureté des races. Certaines tribus, probablement berbères d'origine, ont accepté, avec la religion islamique, les mœurs arabes, et ont été si complètement assimilées par leurs conquérants qu'elles en sont venues à oublier ou à renier leurs véritables ancêtres. Aussi la communauté de race, intéressante à coup sûr au double point de vue scientifique et historique, n'est-elle pas un critérium suffisamment sûr et précis pour permettrè d'établir une classification raisonnée de la population. Mieux que l'origine ethnique, le genre de vie, la nature et le degré de civilisation permettent des distinctions qui parlent nettement à l'esprit. Il est impossible de confondre le sédentaire des villes, le nomade des grandes plaines, le montagnard des hautes régions, et l'Isarélite, qui conserve seul, là comme partout, la physionomie de sa race. Nous présenterons donc successivement au lecteur les citadins, les tribus nomades, les habitants de la montagne et enfin les Juifs.

Pendant la domination romaine en Afrique, tous les indigènes de la partie occidentale, qui formait les deux Mauritanies, s'appelaient Maures. Aujourd'hui on réserve ce nom aux seuls habitants des villes, mais il n'est employé que par les Européens : les indigènes ne le connaissent pas (1). Il s'applique à une catégorie d'hommes bien caractérisée : paisibles citadins qui voyagent peu, qui sont ennemis de l'effort violent et des résolutions énergiques, et qui tirent leur subsistance du commerce de détail, de la petite industrie et de la culture des jardins ; ils recherchent les fonctions administratives, religieuses et judiciaires, et c'est parmi eux que se recrutent les étudiants des Universités. « C'est, dit M. de la Martinière (2), une population en général élégante, fine, in-

(1) Cependant les Espagnols ont conservé l'habitude d'appeler Maures tous les habitants du Maroc sans distinction.

(2) *Notice sur le Maroc* p. 44.

telligente, mais indolente et dépravée. » Ils forment la catégorie la plus instruite des habitants du Maroc, ce qu'on pourrait appeler l'élite intellectuelle, et sont les derniers dépositaires de cette civilisation musulmane qui brilla au Moyen Age d'un si vif éclat. Mais combien ils l'ont laissée s'abâtardir ! Dans quelle décadence profonde elle est tombée entre leurs mains ! On chercherait en vain parmi eux les successeurs des architectes de génie qui ont construit les palais de Cordoue et de Séville et les mosquées de Fez et de Marrakech.

L'art n'est plus pour eux que la copie servile des modèles transmis par la tradition. Il n'y a plus parmi eux de véritables savants, et les professeurs de l'Université de Karaouïn, malgré la célébrité qu'elle conserve dans tout l'Islam, peuvent à peine commenter les textes de leurs illustres devanciers, et n'exigent guère de leurs élèves que de stériles exercices de mémoire. Quoique bien inférieurs en lumières et en instruction à ce qu'étaient leurs ancêtres de la grande époque, ils sont cependant infiniment plus éclairés et civilisés que le reste de la population. Les habitants de Tunis considèrent comme des sauvages les nomades qui parcourent les campagnes de leur pays, et les désignent par le terme méprisant de « bedoui » (bédoins). Il en est très certainement de même dans les villes occidentales.

Toute la partie basse du Maroc maritime et les plaines sahariennes sont occupées par des tribus arabes ou berbères, qui sont semblables par leur genre de vie à tous les nomades d'Algérie et de Tunisie. Ils vivent sous la tente, groupés par familles plus ou moins nombreuses, dont chacune, placée sous la direction du plus ancien, le cheikh, constitue un douar (réunion de tentes); l'ensemble des douars forme la tribu. Ils mènent, comme aux âges bibliques, l'existence patriarcale, soignant leur bétail, et cultivant des céréales au hasard de leurs pérégrinations, lorsque la nature du sol et l'abondance des pluies le permettent. L'étendue du rayon de leurs déplacements varie avec les régions; quelques-uns même ne changent plus qu'exceptionnellement le lieu de leur séjour; ils sont la transition entre le nomade et le sédentaire. Les principales de ces tribus sont : les Beni-Hassan, dans le bas cours du Sbou ; les Zemmour, à la fois agriculteurs et pasteurs, entre le Bou-Regrag et l'Oum-er-Rebia ; les Zaïan, puissante tribu, riche par ses immenses troupeaux, qui vit sur les dernières pentes de l'Atlas, vers le haut du cours du Bou-Regrag ; les Doukkala, entre l'Oum-er-Rebia et le Tensift ; les Chiadma, au sud de ce dernier fleuve ; les Riata, connus par leurs instincts pillards, qui occupent la haute vallée de l'Innaouen, la grande route de l'Orient, et ruinent par leurs exactions la ville de Taza ; enfin les Angad, les Doui Menia, les Beni-Guil, les Oulad Djerir, voisins, souvent gênants, de l'Algérie.

Les habitants de la montagne marocaine, qui ont presque toujours réussi à maintenir leur indépendance en face des maîtres de la plaine, se sont conservés beaucoup plus purs de mélanges étrangers. Ils sont donc incontestablement berbères. Mais ce mot de berbère n'est pas lui-même l'indice d'une unité de race. Lorsqu'on étudie l'histoire de l'Afrique du nord, on s'aperçoit bien vite qu'il s'applique indistinctement à des populations d'origines très différentes, de sorte qu'en dernière analyse il faut le traduire, pour être exact, par « tribus de toute sorte, dont l'arrivée dans le pays est antérieure à celle des Arabes ». Ici encore on est donc forcé de laisser de côté la question, singulièrement obscure, des véritables origines, et de se contenter de constater qu'on se trouve en présence d'un ensemble important de populations assez dissemblables entre elles, mais essentiellement différentes des Arabes. Comprenant peut-être les trois quarts de la population totale, elles se subdivisent en plusieurs groupes, qui parlent des dialectes berbères présentant certaines différences les uns avec les autres : Riffains et Djebala, qui occupent le massif montagneux voisin de la Méditerranée ; Braber, cantonnés dans le Grand et le Moyen Atlas ; Chleuh, qui vivent dans la partie occidentale du Haut Atlas et au sud de cette chaîne. Tous « sont, dit M. Doutté (1), des peuples belliqueux, jaloux de leur indépendance, habitant chacun un massif montagneux peu accessible, et échappant tous plus ou moins complètement à la domination actuelle du Sultan ».

Les habitants du Rift, les Riftains, vivent dans pes villages, parfois très rapprochés les uns des autres dont quelques-uns sont presque de petites villes, autour desquels ils cultivent de beaux jardins d'arbres fruitiers ainsi que de la vigne et des légumes, à côté de champs d'orge et de blé et de prairies naturelles. Parmi eux, les individus blonds sont nombreux ; aux environs de Melilla ils se rencontrent aussi fréquemment que les bruns ; il n'est pas rare de voir des chevelures d'un roux ardent ; « les yeux sont gris vert ou bleus plus souvent que noirs (2) ». Les Riffains sont très

(1) Les Marocains et la société marocaine. *Revue Générale des Sciences*, 15 mars 1903.
(2) De Ségonzac, p. 46,

hostiles à l'arrivée des étrangers, et, sur le littoral, ils ont été les derniers représentants des anciens pirates barbaresques. Ils ne vont plus piller sur mer, mais ils n'hésitent pas à s'approprier tout ce qu'ils peuvent prendre dans les navires échoués sur leurs côtes et même à maltraiter les équipages. Il n'y a que quelques années, un de nos compatriotes, M. Touzet, venu d'Algérie pour faire du commerce, a été assassiné par eux. Les Djebala ou Djebaïlia, dont le nom ne paraît être qu'une autre forme du mot « kabyle », ne diffèrent pas sensiblement des Riflains par le genre de vie. Ils ne sont pas moins hostiles aux étrangers; nombreux cependant sont les voyageurs européens qui ont parcouru la partie de leur territoire traversée par l'une des routes de Tanger à Fez; le reste n'a jamais encore été visité. Les mœurs des Djebala passent pour extrêmement dissolues : M. Mouliéras, qui a recueilli sur leur pays de nombreux récits indigènes, raconte que chez eux les jeunes filles et même les jeunes garçons sont fréquemment volés et mis en vente sur les marchés (1).

Dans la chaîne du Grand et du Moyen Atlas on trouve une population très dense, qui porte le nom général de Braber, où il faut vraisemblablement voir l'origine du mot « berbère ». Ils habitent presque tous des villages qui se font remarquer par une particularité curieuse : chaque groupe d'habitation, parfois chaque quartier d'une localité importante possède une construction en forme de petit château fort, composée d'un carré de murs élevés de 10 à 12 mètres et percés de meurtrières vers le haut, dont

(1) *Le Maroc inconnu*, t. II.

chaque angle est flanqué d'une tourelle carrée. L'intérieur, qui ouvre sur une cour centrale, est divisé en une multitude de petites chambres indépendantes les unes des autres, fermées chacune par une porte, et superposées sur plusieurs étages : on accède aux étages supérieurs au moyen d'une échelle. C'est là que dans un grenier commun, où chacun a cependant sa cellule, tous les habitants du village ou tous les membres de la fraction enferment leurs récoltes. Ce monument, qui n'est pas sans analogie avec nos magasins généraux, s'appelle un « tirremt » ; on le trouve dans la majeure partie du Grand et du Moyen Atlas, et jusque dans l'oued Draa et l'oued Ziz ; il contribue à donner aux paysages un aspect pittoresque. Ailleurs, dans le Petit Atlas et le Sous, tout un groupe de villages, parfois une tribu entière, possède un magasin commun, qui prend alors le nom « d'agadir ». Cet usage de centraliser les récoltes pour les mettre à l'abri du pillage, facilement explicable dans des pays continuellement en proie à des luttes entre voisins, n'est pas particulier au Maroc. On le retrouve sur certains points de l'Algérie et de la Tunisie : aux détails de la construction près (1), les « guelaa » de l'Aurès sont des *tirremt*, et les greniers de Medenine et de Metameur sont des « agadir » (2). Bien que les Berabers habitent généralement

(1) Ces détails architecturaux varient avec les localités. M. De Ségonzac (p. 121) a observé qu'au Maroc plus on avance vers le sud, plus l'architecture se perfectionne, et plus les constructions deviennent élégantes.

(2) Voir la description des « guelaa » dans notre ouvrage *Par delà la Méditerranée*, Paris, Plon, Nourrit et Cie, p. 150 ; et celle des greniers de Medenine dans notre *Etude sur le dévelop-*

dans des maisons, ils ne sont cependant pas tous sédentaires. Certaines de leurs tribus, les Beni-Mgild, par exemple, qui occupent tout le centre du massif du Moyen Atlas, comptent des fractions vivant de la vie nomade (1). Possédant un territoire qui contient des vallées cultivables, des pentes couvertes de pâturages et des montagnes boisées, ils se sont naturellement divisés en trois catégories : des cultivateurs qui ont construit leurs habitations autour des « tirremt », des bergers qui se déplacent à la suite de leurs troupeaux, enfin des bûcherons et des charbonniers qui exploitent la forêt et y habitent dans des cabanes. D'autres tribus, telles que les Beni-Ouaraïn, qui peuplent les vallées profondes du revers oriental du Moyen Atlas, ainsi que la partie septentrionale des quatre chaînes de ce massif, uniquement occupées de la culture de leurs riches vergers, ont bâti des villages, où l'on ne trouve plus de *tirremt* et dont les maisons en terre, surmontées de hangars à toits plats servant de cuisine et de lieu de réunion, rappellent certaines habitations de l'Aurès. « De loin, dit Mr De Segonzac (2), ces baies superposées font songer aux cellules d'une ruche. » Certaines tribus des Beraber sont de teint blond et ont la chevelure rousse et les yeux bleus. Restés tout aussi impénétrables que les Riffains aux influences extérieures, ils en sont encore à un degré inférieur de civilisation. Leur aspect a quelque chose de plus rude et de plus grossier que

pement économique de l'Extrême-Sud tunisien. (*Bulletin de la Direction de l'Agriculture et du Commerce de Tunis*, année 1899.)

(1) Il existe aussi des Beraber entièrement nomades sur le versant saharien de l'Atlas.

(2) Page 204.

celui des Arabes et des Berbères arabisés. Plusieurs traits des mœurs de ces montagnards sont caractéristiques. Chez les Djebala on crève les yeux aux voleurs avec la pointe d'une faucille rougie au feu (1). Chez les Beni-Mgild, la parole donnée est une chose sacrée, et l'esprit de solidarité est poussé si loin que la promesse d'un individu engage toute sa tribu. Pour solenniser les serments, il existe tout un cérémonial dont les détails varient avec la condition sociale des personnes en cause. C'est sur ce sentiment de l'inviolabilité de la foi jurée que repose une institution très répandue dans l'Atlas marocain, et qui existait autrefois en Kabylie sous le nom d'*anaïa* (protection). Ce mot est également connu au Maroc, mais on emploie aussi celui de *mezrag*, qui veut dire « lance » en arabe. Voici en quoi consiste cet usage : celui qui désire voyager s'entend avec un habitant du pays qu'il doit traverser, lequel, moyennant le paiement d'un prix convenu, couvre l'étranger de sa protection, dont la lance est le symbole, lui fournit une escorte (zetat), répond de sa sécurité aussi loin que s'étend l'influence dont il dispose, et généralement lui facilite les moyens de se pourvoir d'une nouvelle *anaïa* pour continuer sa route. C'est le seul moyen de voyager sans s'exposer aux plus grands dangers dans toute la partie du Maroc où l'autorité du Sultan est méconnue. Vendre sa protection est ainsi devenu une industrie fort lucrative qu'exercent tous les personnages influents dans ces contrées barbares. La langue parlée dans tout le massif de l'Atlas est le *tamazirt*, dialecte berbère, que personne

(1) De Ségonzac, p. 6.

n'écrit ; l'arabe n'est compris que très exceptionnellement.

On ne possède encore que des renseignements encore assez vagues sur le mode de gouvernement des berbères indépendants. On sait cependant que dans toutes les agglomérations, villes ou villages, il existe des *djemaa*, qui sont des assemblées de notables. A côté d'elle, on trouve dans certaines tribus des chefs dont les pouvoirs ne sont peut-être pas parfaitement définis. En principe, ils les doivent au choix de leurs concitoyens, mais c'est toujours le plus riche ou le plus puissant qui est désigné. Dans quelques tribus, chez les Zaïan et les Aït-Youssi par exemple, le pouvoir ne sort pas de la même famille depuis plusieurs générations, sans que ce fait paraisse impliquer un droit héréditaire pour ceux qui en bénéficient. Les fonctions de ces chefs semblent purement civiles, car partout il est d'usage d'élire un chef de guerre, chaque fois qu'une expédition doit avoir lieu. Une particularité caractéristique de ces régions, qu'il est intéressant de mettre en lumière, c'est que partout et toujours l'autorité civile s'incline sans discussion chaque fois qu'une autorité religieuse apparaît.

La plupart de ces traits de mœurs peuvent s'appliquer également aux Chleuh. Cependant ces derniers sont essentiellement sédentaires, « très travailleurs, dit M. Doutté, (1), ils essaiment volontiers et viennent gagner leur vie jusqu'en Algérie ». Pour en finir avec la population musulmane du Maroc, il faut mentionner encore les « Haratin », qui n'appartiennent pas au groupe berbère, proprement dit. « Ils semblent,

(1) *Revue générale des Sciences*, mars 1903.

dit M. Doutté (1), représenter les débris d'une race ancienne répandue sur une vaste superficie dans l'Afrique du nord, à une époque où le Sahara septentrional n'était pas le pays desséché qu'il est devenu depuis. » On les trouve disséminés en groupe clairsemés dans tout le sud du Maroc, dans le Sous et l'oued Draa.

Inégalement répartis dans les ports de la côte, les grandes villes de l'intérieur, et beaucoup de localités de l'Atlas, les Israélites sont environ 100.000 au Maroc (2). Leur condition sociale, bien qu'elle se soit améliorée ces dernières années, est encore assez semblable à ce qu'elle était en Europe au Moyen Age, en Algérie et en Tunisie avant l'établissement du régime français. Dans chaque ville, un quartier spécial, le Mellah, leur est affecté ; entouré de murs, il ne communique avec les autres quartiers que par une porte fermée à huit heures du soir. Il n'y a pas longtemps que, dans le quartier musulman, le juif devait descendre de sa monture, tenir sa chaussure à la main, et faire un détour pour éviter de passer devant les mosquées. Profondément méprisé du reste de la population, il n'en vit pas moins en bons termes avec elle, car il sait lui rendre des services dont elle ne peut se passer. C'est lui qui est l'intermédiaire entre la société musulmane et les chrétiens, qu'elle écarte et

(1) *Revue générale des Sciences*, mars 1903.

(2) C'est le chiffre donné par l'Alliance israélite qui possède à cet égard les renseignements les plus précis qu'il ait été possible de recueillir. Un correspondant anonyme du *Journal des Débats* (2 juin 1903) croit qu'il faudrait doubler ce nombre pour comprendre la population juive du Blad-es-Siba. Rohlfs et De Foucauld n'indiquaient pas un chiffre supérieur à 40.000.

repousse le plus qu'elle peut, mais auxquels elle est bien forcée d'avoir recours dans mille circonstances. Aussi les Israélites marocains tiennent-ils entre leurs mains la plus grande partie du commerce extérieur. En outre, là plus encore qu'ailleurs, ils pratiquent l'usure, car la situation politique d'un pays mal administré et l'imprévoyance naturelle de la population tendent à augmenter toujours plus cette plaie sociale. La plus grande partie des Israélites marocains, plongés dans la pauvreté, vivent entassés dans de sordides masures, au milieu de la plus révoltante malpropreté. Beaucoup cependant se sont enrichis et s'accordent des habitations moins étroites et relativement luxueuses. Dans un pays où la justice s'achète, où l'amitié des représentants du pouvoir tient lieu de droit, ils ont acquis, grâce à leurs richesses, une grande influence. Au milieu des montagnes berbères, le rôle du juif est plus effacé. Le commerce, dans ces régions reculées et troublées par des guerres continuelles, est entouré de plus d'aléas que dans les pays soumis au Sultan ; aussi l'Israélite gagne-t-il sa vie dans la petite industrie : souvent la cordonnerie, ailleurs la fabrication du savon. Pour avoir le droit de s'établir, il se met sous la protection d'un puissant personnage, dont, avec tous les membres de sa famille et ses descendants à perpétuité, il devient le véritable serf ; il devra payer à son seigneur, à son « sid », les redevances arbitraires qui lui seront imposées et subir tous ses caprices, sans autre ressource que de se racheter, s'il est assez riche, ou de s'enfuir, s'il en a la possibilité. Dans tout le Maroc, les Israélites n'ont pas d'autre langage que l'arabe ; un certain nombre, dans les villes de la côte, savent l'espagnol ou le français; partout où le tamazirt est parlé, ils le connaissent également. Tous ceux qui possèdent quelque instruction savent tracer les caractères hébraïques, mais ils s'en servent pour écrire l'arabe ; rares sont ceux qui comprennent quelques mots d'hébreu. Au point de vue religieux, Mr De Foucauld, qui a vécu de leur vie pendant plusieurs mois, les représente comme uniquement attachés aux pratiques extérieures de leur culte. A part certaines individualités qui constituent d'honorables exceptions, « ils ne se conforment en rien, assure-t-il (1), aux devoirs de morale que prescrit leur religion : non seulement ils ne les suivent pas, mais ils les nient... Sans qualités et sans vertus, plaçant le bonheur dans la satisfaction des sens, et ne reculant devant rien pour l'atteindre, ils se trouvent heureux et se croient sages. » Comme en Tunisie, les Israélites au Maroc se divisent en deux rites auxquels se rattachent d'une part les indigènes, de l'autre les étrangers (2) ; ils possèdent des tribunaux rabbiniques et la police est faite chez eux par un fonctionnaire spécial, le Caïd ou Cheikh des Juifs. Il existe en outre un conseil appelé « maamad », qui est chargé d'administrer chaque communauté, et qui perçoit la taxe établie sur la viande tuée selon le rite, la viande « cacher ». En principe, les Juifs marocains sont astreints au paiement d'un impôt de capitation (« djezia »), représentant le prix de la protection que leur accorde le Sultan ; mais depuis quelques années,

(1) Pages 398 et 395.

(2) Ces étrangers sont établis dans le pays depuis plusieurs générations ; ils s'appellent en Tunisie Livournais ou Portugais (*Grana*), et Espagnols au Maroc.

le paiement de l'impôt israélite est tombé en désuétude. « Le judaïsme, écrit un correspondant marocain du *Journal des Débats* (1), s'est pénétré des usages et des superstitions berbères ; de plus, il s'est volontiers porté aux idées extrêmes et fixé dans l'intransigeance religieuse... Le culte des saints, si particulier à l'Islam, au Maghreb, a également pénétré le judaïsme : il y a, dans la plupart des cimetières israélites de l'intérieur, des rabbins et des saints dont les tombes sont considérées comme miraculeuses. Les dévots israélites y vont en ziara, ainsi que font les musulmans auprès des koubbas, et ils y apportent leurs malades (2)... Au Maghreb, l'orthodoxie juive est aussi stricte et aussi revêche que l'orthodoxie musulmane... Cette raideur religieuse met les juifs marocains en défiance aussi bien contre les chrétiens que contre les juifs venus d'autres pays. L'étranger est vu d'aussi mauvais œil au mellah que dans la medina et relégué à la porte des synagogues comme à celle des mosquées. »

Au milieu de cette misère, de cette ignorance et de cette abjection, l'Alliance Israélite Universelle de Paris poursuit depuis 40 ans une œuvre admirable de relèvement et d'émancipation. Non contente d'intervenir auprès des autorités locales, pour mettre fin aux injustices et aux persécutions dont les juifs sont souvent victimes, elle travaille à leur relèvement moral et intellectuel par la création de nombreuses écoles et d'œuvres d'apprentissage, où garçons et

(1) 2 juin 1903.

(2) J'ai vu à El-Hamma de l'Arad en Tunisie un lieu de pèlerinage, où les familles juives de Gabès se rendent une fois l'an.

filles reçoivent une instruction qui leur permet de gagner leur vie et ouvre leur esprit aux influences civilisatrices. « Ces efforts de l'Alliance Israélite, dit le correspondant anonyme du *Journal des Débats,* (1) ont déjà donné des résultats appréciables ; à la côte, la transformation est en bonne voie de s'accomplir. Les Juifs indigènes commencent à y prendre une allure tout à fait européenne, dont l'expression la plus heureuse n'est peut-être pas l'adoption de plus en plus fréquente de nos vêtements et de nos modes. Le changement de costume paraît d'ailleurs être devenu le symbole de l'évolution dans les esprits ; et dans les mellahs de l'intérieur, les enfants des meilleures familles se mettent peu à peu à s'habiller comme les enfants de nos pays. Il est juste de reconnaître que ces modifications ne sont point seulement extérieures ; elles entraînent avec elles des tendances meilleures dans les coutumes, dans le genre de vie, et même jusqu'à un certain point dans le caractère. » Par leur intelligence remarquable, qui s'applique avec autant de succès à n'importe quelle branche des sciences qu'aux affaires commerciales, lorsque l'éducation les aura débarrassés des tares ataviques, les Israélites, s'ils sont bien dirigés, auront un rôle à jouer dans la rénovation future du Maroc.

« Pouvons-nous nous flatter, a écrit M. Doutté, à la fin d'une étude sur les Marocains et la Société marocaine (2), terminant ainsi par la même idée qui nous guidait dans les premières lignes de ce travail, que celui-ci aura, à défaut d'autre mérite, servi à mon-

(1) 3 juin 1903.
(2) *Revue générale des Sciences,* 15 avril 1903.

trer que cette société est *une* dans toute l'Afrique Mineure ? La monotonie avec laquelle, au cours de cet exposé, nous avons dû répéter des locutions comme : « Ainsi que cela se passe en Algérie et en Tunisie », a dû frapper le lecteur, si elle ne l'a pas impressionné désagréablement par son perpétuel retour. Au moins ces répétitions fastidieuses aurontelles servi à indiquer qu'on ne peut étudier le Maroc sans se reporter à chaque instant aux pays voisins... Les caprices de la politique ne sauraient voiler les affinités étroites à tous les points de vue qui réunissent indissolublement le Maroc, l'Algérie et la Tunisie. »

III

LES VILLES

Pour achever de donner une idée exacte et suffisamment complète du Maroc tel que la nature et les hommes l'ont fait, il paraît nécessaire de parler aussi des principales villes.

Toutes les villes importantes (medina) « sont entourées de hautes murailles en pisé, garnies de tours... A chaque *medina* sont réunies une citadelle ou *kasba* et un quartier juif ou *mellah ;* dans les villes de l'intérieur, ces trois quartiers sont séparés par des murailles ; dans celles de la côte, ils tendent à se confondre(1). » Les maisons sont recouvertes par des

(1) De La Martinière, p. 47.

terrasses et généralement construites autour d'une cour intérieure; leurs façades, percées d'un petit nombre de fenêtres grillées et protégées par des jalousies contre les regards des passants, offrent le même aspect que dans toutes les cités musulmanes. Comme il n'existe au Maroc aucun service de voirie, toutes les villes se font remarquer par une malpropreté choquante pour les Européens et par une absence complète d'entretien des rues.

A peu d'exceptions près, les agglomérations importantes ont été placées sur le littoral, dans les lieux qui permettent les communications faciles avec l'extérieur, ou bien au pied des dernières hauteurs de l'Atlas, là où peuvent se rencontrer les habitants de la plaine et ceux de la montagne; elles forment ainsi deux lignes parallèles qui s'allongent dans le sens du rivage de l'Atlantique.

La plus connue des villes du Maroc, parce qu'elle est la plus facilement accessible pour les Européens, est Tanger. Située presqu'à la pointe septentrionale du pays, au fond d'une baie qu'abrite le cap Spartel, l'un des points du continent africain les plus rapprochés de l'Europe, elle s'élève en amphithéâtre sur le flanc d'une colline, dans une situation qui rappelle Alger. Des hauteurs voisines, on aperçoit dans le lointain la côte d'Espagne qui se dessine à l'horizon, de l'autre côté du détroit. Ses maisons blanches, surmontées de terrasses, ses rues étroites, encombrées d'une foule bariolée, aux types et aux costumes les plus divers, au milieu desquelles les bêtes de somme chargées se fraient péniblement un passage, lui donnent un cachet oriental très prononcé. Comme Tunis, bien qu'à un degré beaucoup moindre, elle a subi le contact des Européens. En dehors de ses murailles s'élèvent des faubourgs, où sont installés des chrétiens de toutes nations : autour des légations des grandes puissances se groupent de gracieuses villas, entourées de magnifiques jardins, où habitent des négociants et même quelques riches familles, que seule la douceur du climat retient sur ce rivage. Plusieurs hôtels confortablement aménagés s'ouvrent aux touristes qu'amènent de plus en plus nombreux plusieurs lignes régulières de navigation (1). Le port de Tanger, le seul du Maroc où l'on ait fait une tentative d'aménagement, est doté depuis quelques années d'un appontement qui facilite le débarquement des passagers et des marchandises. Son mouvement commercial atteint une quinzaine de millions. Parmi ses 35.000 habitants on compte environ 5.000 Européens.

A une journée de marche seulement de Tanger se trouve Tétouan ou Tittaoun, dans le pays des Djebala. Cette petite ville entièrement arabe de 22.000 habitants, entourée de hautes murailles flanquées de tours, est fréquemment visitée par les touristes. Elle est située à 4 kilomètres de la mer ; les navires mouillent dans sa rade devant le fort Martil. Sa principale industrie est celle de la poterie. Son nom signifie, paraît-il, en langue tamazirt « les Sources » et lui vient de l'abondance des eaux qui, descendant de la montagne voisine, arrosent ses jardins d'orangers. « Il y règne une paix, une tranquillité appréciables dans un cadre délicieux, au milieu de paysages verdoyants, pittoresques et attirants. C'est la rési-

(1) *Tanger*, par Albert Cousin.

dence de prédilection des peintres étrangers (1). »

Chechaouen, situé plus au sud, et beaucoup moins peuplé, est au contraire fermé aux Européens par le fanatisme et l'intolérance de ses habitants. Le seul voyageur chrétien qui ait réussi à y pénétrer, après un Espagnol qui fut massacré il y a une quarantaine d'années, M. de Foucauld, en fait une description pleine de pittoresque. « D'une part adossée à des montagnes à pic, dit-il (2), de l'autre bordée de jardins verts, apparaît la ville. Il était six heures du matin quand j'y arrivai ; à cette heure, les premiers rayons du soleil, laissant encore dans l'ombre les masses brunes des hautes cimes qui la surplombent, doraient à peine le faîte de ses minarets : l'aspect en était féerique. Avec son vieux donjon à tournure féodale, ses maisons couvertes de tuiles, ses ruisseaux qui serpentaient de toutes parts, on se serait cru bien plutôt en face de quelque bourg paisible des bords du Rhin que d'une des villes les plus fanatiques du Rift. »

Située dans les montagnes qui ferment au nord le bassin du Sbou, au milieu d'une fertile vallée, Ouezzan, bien qu'elle soit une des villes saintes du Maroc, accueille volontiers les étrangers, grâce à l'esprit de large tolérance de la famille des Chérifs vénérés qui y ont établi le siège de leur puissance religieuse. C'est à eux qu'elle doit sa fondation qui ne remonte pas au delà de la fin du XVIIe ou du commencement du XVIIIe siècle de notre ère (3). Entourée d'une cein-

(1) CANAL. — *Géographie générale du Maroc*, p. 142.
(2) P. 8.
(3) M. de Ségonzac (p. 10) donne, d'après des renseignements recueillis sur place, la date de 1730. Cependant M. Rinn (*Marabouts et Khouan*, p. 371.) fait mourir son fondateur,

ture de jardins d'oliviers et d'orangers, la ville est dominée par des montagnes boisées de chênes-liège.

Ksar-el-Kebir, dans la fertile vallée du Khous, a été autrefois une ville importante; elle est aujourd'hui misérable et sale, et n'a plus que 5 à 6.000 habitants. Les cigognes y font leur séjour de prédilection. Elle est entourée de grands vergers, généralement mal entretenus (1).

Sur la côte de l'Atlantique, dans la presqu'île qui termine le Maroc vers le nord, se trouvent deux petits ports : Azila, qui a eu une certaine importance sous la domination portugaise, mais qui n'est plus aujourd'hui qu'une pauvre bourgade à moitié en ruines, qu'entourent des jardins, et El Araïch ou Larache, qui occupe la rive sud de l'embouchure du Khous. Cette dernière ville, qui compte 9.000 habitants et que protège une enceinte fortifiée, est le port de Fez, la principale capitale de l'empire; mais, à cause de la barre qui obstrue l'entrée du fleuve, les navires parfois ne peuvent atterrir pendant deux mois consécutifs. La place du marché est une des plus belles du Maroc (2). Dans le voisinage se trouvent de magnifiques jardins d'orangers, qui produisent des fruits délicieux (3).

A l'embouchure du Sbou, à la place où s'élevait

Mouley Abd-Allah, en 1089 de l'Hégire (1678-1679 de notre ère.)

(1) De Foucauld, p. 14. De Ségonzac, p. 4.

(2) Wolfrem. — *Le Maroc*, étude commerciale et agricole, p. 46.

(3) R. de Flotte de Roquevaire. — « Une excursion à Fès et à Méknès ». (*Bulletin de la Société de Géographie commerciale de Paris*, 1902, p. 302.)

autrefois la grande ville de Mamora, qui servait de port à ce riche et fertile bassin, on ne trouve que le misérable village en ruines, aux murailles mal entretenues, de Méhedia, où les navires ne peuvent plus aborder. Tandis que la ville tunisienne du même nom, qui se trouve sur la face opposée du grand quadrilatère nord africain, n'a devant elle qu'un avenir économique borné à la pêche et à l'exploitation de sa belle forêt d'oliviers, la Méhedia marocaine est fatalement destinée à redevenir tôt ou tard un grand port, où se concentreront pour l'exportation les produits de la vallée du Sbou, et où aboutira la ligne de chemin de fer transversale de l'Afrique du nord, de Tunis à l'Océan. Elle est le débouché maritime, indiqué par la nature, de la seule grande voie qui conduise du Maroc en Algérie, par Fez, Taza et Oujda. Cette dernière localité, peu éloignée de la frontière algérienne et de notre poste de Lella Marhnia, accueille depuis quelques années les touristes français, grâce à la présence d'un caïd, représentant de l'autorité chérifienne.

Taza, placée à l'intersection de la vallée de la Mlouia et de celle du Sbou, a une importance politique et stratégique exceptionnelle. « La nature, a écrit M. de Ségonzac (1), a tracé la voie qui reliera l'empire chérifien au reste de l'univers; dans le rempart montagneux dont elle a ceint le Maroc, elle n'ouvre qu'une seule brèche praticable : la trouée Fès-Oujda. Et Taza, plantée sur son cap, comme un phare au bout d'une jetée, commande la passe. » Il y a un siècle, c'était peut-être la cité la plus floris-

(1) P. 222.

sante du Maroc; aujourd'hui, c'est sans contredit l'une des plus misérables ; champ de bataille continuel entre les troupes du Sultan et les tribus insoumises du voisinage, elle subit la répression de révoltes qu'elle n'a pas provoquées, et satisfait à toutes les ruineuses exigences des pillards qui l'entourent. Aussi ce n'est plus qu'un amas de décombres, dans lequel de 3 à 4.000 habitants vivent du commerce, et de ce que les Riata leur laissent des récoltes de leurs jardins. Le quartier juif est le moins délabré (1).

Bien que le bassin du Bou-Regrag n'ait qu'une importance très secondaire comme étendue et comme population par rapport à celui du Sbou, deux villes existent cependant à son embouchure. Sur la rive droite s'élève Sla ou Chla, que les Européens appellent Salé, et qui fut pendant longtemps un des principaux foyers de la piraterie barbaresque. C'est aujourd'hui l'un des centres religieux les plus renommés du Maroc ; le fanatisme de ses habitants s'efforce d'en éloigner les étrangers. Cette ville fut bombardée en 1854 par une escadre française, et quelques années plus tard un consul de France rendant une visite officielle au caïd fut insulté dans les rues et faillit être lapidé avec son escorte (2) malgré les précautions prises par l'autorité locale. Aujourd'hui encore les Européens y sont accueillis à coups de pierres (3). Elle n'a plus que 15.000 habitants et tout le commerce s'est retiré sur la rive gauche du fleuve, à Rbat, où les chrétiens sont autorisés à

(1) P. 29.
(2) V. Cotte. — *Le Maroc Contemporain*, p. 76
(3) Wolfrem, p. 46.

résider. Cette ville fut fondée à la fin du XIIe siècle par le célèbre Khalife Abou Youcef El Mansour, troisième sultan de la dynastie des Almohades, qui régnait à la fois sur l'Afrique du nord et sur une partie de l'Espagne. On y voit encore la célèbre tour de Hassan, qui fut construite sur le même plan et à la même époque que la Giralda de Séville. L'illustre souverain musulman avait choisi ce point pour en faire un des plus solides appuis de sa puissance, parce qu'il commande l'une des routes, et la seule qui soit toujours libre, que l'on est obligé de parcourir pour aller de l'une à l'autre des deux grandes fractions de l'empire marocain, du royaume de Fez à celui de Marrakech. Aussi a-t-elle rang parmi les villes impériales. Parmi les 35.000 habitants de Rbat, s'est conservée l'industrie de la fabrication des tapis. C'est un des ports les plus actifs du Maroc. Mais, comme tous les ports marocains de l'Atlantique, il n'est constitué que par une rade foraine mal abritée, d'où le mauvais temps chasse souvent les navires. A Dar-el-Beida (Casablanca pour les Européens), qui est située à deux étapes dans le sud, les opérations d'embarquement et de débarquement sont plus rarement interrompues. Aussi son importance commerciale vient-elle immédiatement après celle de Tanger. Au milieu de ses 20.000 habitants, s'est établie une petite colonie européenne, dans laquelle les Français occupent le premier rang.

L'embouchure de l'Oum-er-Rebia est gardée sur sa rive gauche par la petite ville d'Azemour (10.000 habitants), qui n'a plus de port, et où les Européens ne sont pas autorisés à pénétrer. Le commerce s'est transporté dans le voisinage, sur un point de la côte abrité par un cap, à Mazagan, que les indigènes appellent El Bridja (le Fortin) et El Djedida (La Nouvelle). Elle est en relations suivies avec les îles Canaries et sert de port à la ville de Marrakeuch. On y trouve de nombreux souvenirs de la domination portugaise. Plus au sud, le petit port de Safi (Asfi des indigènes) est rarement visité par les navires à cause du peu de sécurité de sa rade. Enfin le port le plus méridional du Maroc est Mogador (Soueïra en arabe). Cette ville qui renferme 18.000 habitants est bâtie sur une presqu'île en face d'une rade protégée par un îlot sur lequel est établie la quarantaine où séjournent les pèlerins à leur retour de La Mecque. Elle fut construite, il n'y a pas beaucoup plus d'un siècle, par un architecte français, sur l'ordre du Sultan, qui voulait rapprocher de sa capitale le port d'embarquement des produits de la riche province du Sous.

Toutes les villes dont il reste à parler sont rangées sur une ligne qui va du nord-est au sud-ouest, à 150 kilomètres environ de la côte, au pied des dernières ondulations par lesquelles l'Atlas finit dans la plaine.

La plus septentrionale est Fas, que nous appelons Fez, la principale des capitales marocaines, celle où la cour séjourne le plus souvent. Située à l'endroit où la seule route qui unisse le Maroc au monde oriental, la trouée de Taza, débouche dans la plaine, où le plus grand fleuve du pays, le Sbou, sort de ses montagnes fertiles, elle a une importance économique de premier ordre. C'est la plus peuplée des villes du Maroc. Si elle a eu jadis jusqu'à 400.000 habitants, elle en compte encore aujourd'hui environ 90.000. Fas fut fondée en 808, sur un petit affluent du Sbou, par

Edris II, le premier Sultan de la dynastie chérifienne des Edrissites. La rivière, divisée en de nombreux canaux, passe sous les maisons, où elle fait office d'égouts. Deux quartiers distincts forment la ville : « Fas-el-Bali » ou l'ancien Fas et « Fas-Djedid » ou le nouveau Fas. On y trouve le palais du Sultan, entouré de vastes jardins, et un très grand nombre de mosquées, parmi lesquelles il faut citer celle de Mouley Idris, et celle de Karaouïn, célèbres dans tout le monde musulman. La seconde renferme une grande bibliothèque, peut-être la seule qui existe au Maroc, et une Université dont les professeurs ont une réputation de science héritée d'illustres prédécesseurs. On assure que, contrairement à ce qui se passe dans les autres Universités du monde musulman, l'explication du Coran, l'interprétation des textes sacrés, y serait interdite (1). Tout un quartier est occupé par des tanneries et par des boutiques où l'on confectionne la sellerie et la chaussure ; cette industrie a émigré de la ville de Marrakeuch, dont elle a conservé le nom (maroquinerie). « Allongée dans une vallée profonde, dit M. de Flotte-Roquevaire (2), Fès paraît immense. Sur 5 kilomètres de largeur, c'est un amas confus de maisons blanches de forme cubique, dominé par les minarets des innombrables mosquées de la ville. »

Meknès, qui n'est qu'à une journée de marche de Fez, dans le sud-ouest a été surnommé le « Saint-Denis et le Versailles du Maroc ». C'est là, en effet, que sont ensevelis les souverains de la dynastie fila-

(1) DOUTTÉ. — *Revue générale des Sciences.*
(2) *Bulletin de la Société de Géographie commerciale de Paris*, 1902, p. 305.

lienne, et que le sultan Mouley-Ismaïl établit sa résidence de plaisance. « Ce Sultan, fameux dans l'histoire marocaine, dit M. de Flotte-Roquevaire, entoura la ville d'une série d'enceintes percées de portes monumentales. Ce n'est qu'un immense palais à l'ombre duquel vit une population d'une quinzaine de mille habitants. Lorsque la cour est à Meknès, la ville vit de son existence normale; en son absence, elle est sans animation aucune. Le marché, comme dans toutes les villes marocaines, est pittoresque. Certaines ruelles sont couvertes de branchages à travers lesquels le soleil vient illuminer vivement les échoppes des marchands. »

Directement au sud de Fez et sur un affluent du Sbou se trouve l'important centre commercial de Sfrou. Il n'a que 3.000 habitants, mais il y règne un air de propreté et de bien-être rares au Maroc. Les maisons, à plusieurs étages, sont grandes et bien construites. « Sur les terrasses qui les surmontent, des vignes, plantées dans les cours, grimpent et viennent former des tonnelles (1). » Tout autour s'étendent de merveilleux jardins, peut-être les plus beaux du Maroc, qui alimentent Fez et Meknès de fruits et de légumes.

Bou-el-Djedad, sur la route directe de Fez à Marrakeuch, n'est qu'une bourgade de 1.700 habitants, qui se groupent autour de la zaouia de Sidi-ben-Daoud, marabout très respecté dans la région.

Fichtala, sur la même route, autre petit centre religieux, a été une localité importante. Ce n'est plus qu'un pauvre village, sur les bords d'un affluent de

(1) De Foucauld, p. 38.

l'Oum-er-Rebia, « situé sur les premières pentes de la montagne, parmi des côtes ombragées d'amandiers, au pied de grands rochers, où une foule de ruisseaux bondissant en cascades tracent des sillons d'argent, au milieu de jardins merveilleux, comparables à ceux de Taza et de Sfrou (1). »

Casba-Beni-Mellal, dans la même région, a l'aspect propre et riche. « Elle doit sa prospérité à ses immenses vergers, dont les fruits s'exportent au loin (2). »

Marrakeuch enfin, la capitale du sud, est située non loin de l'oued Tensift dans une vaste plaine, au pied du Grand Atlas, dont on voit se profiler au loin les cimes neigeuses. Dans son voisinage se trouve un bois de palmiers, qui ajoute au pittoresque du paysage, mais dont les fruits, qui mûrissent mal, sont de qualité inférieure. L'enceinte entoure une étendue immense ; il s'en faut de beaucoup que la superficie totale soit bâtie : de nombreux jardins en occupent une grande partie. Le chiffre de la population, qui au XVIIIe siècle dépassait 500.000 habitants, n'atteint pas 100.000 aujourd'hui. Comme dans toutes les villes arabes, les rues sont étroites et sinueuses ; tout un quartier, semblable aux « souks » de Tunis, est réservé aux boutiques des diverses catégories de marchands (3). « La ville, dit M. Doutté (4), est suffisamment étalée pour qu'on puisse admirer de loin quelques beaux minarets, au

(1) De Foucauld, p. 60.
(2) De Foucauld, p. 64.
(3) Dr Marcet. — *Le Maroc.*
(4) « Les Marocains et la Société marocaine ». (*Revue générale des Sciences* 30 mars 1903.)

premier rang desquels il convient de citer la Koutoubia, qui est probablement le plus beau monument du Maroc ; elle est entourée de terrains vagues et son minaret a vraiment grand air. » Le palais du Sultan, autour duquel s'étendent les magnifiques jardins d'Agdal, occupe une grande partie de la superficie de la ville.

IV

LA RELIGION

Les indigènes du Maroc, comme ceux de toute l'Afrique du nord, pratiquent l'Islam, l'une des grandes religions qui se partagent l'humanité ; ce trait commun est le seul lien qui unisse réellement des populations très diverses, ainsi que nous l'avons vu, quant aux origines et au degré de civilisation ; mais il suffit pour leur inspirer un sentiment de solidarité et remplace pour elles le sentiment national qu'elles ne connaissent pas.

Bien que depuis trois quarts de siècle la conquête de l'Algérie ait mis la France en contact avec des musulmans, fort rares parmi nos compatriotes sont les personnes qui possèdent sur cette religion des notions exactes. Quand on a dit que le mahométan est fanatique, ennemi du progrès et polygame, on a résumé tout ce qui se répète journellement sur cette matière ; il devient cependant de plus en plus nécessaire de la présenter au public, d'une manière conforme à la réalité des faits. L'auteur de cette étude, qui a vécu pendant de longues années en pays musulman, a pu se former à cet égard une opinion réfléchie et basée sur des observations personnelles : il croit devoir l'exposer ici, dût-elle renverser bien des idées reçues.

Il serait trop long d'entrer dans le développement des dogmes de l'Islam ; mais il est nécessaire de résumer les éléments de sa doctrine. Je ne puis mieux faire que de renvoyer pour cela à l'un des hommes les mieux qualifiés pour parler au nom de l'Islam, le Cheik-ul-Islam de Constantinople, chef du clergé musulman de Turquie.

« La religion islamique, écrivait-il le 3 janvier 1888 à un Européen qui avait manifesté le désir de se convertir (1), a pour base la foi en l'unité de Dieu et en la mission de son prophète le plus cher, Mohammed (que Dieu le comble de ses bienfaits et lui accorde le salut), c'est-à-dire qu'il faut confirmer en conscience cette foi et l'avouer par la parole en répétant le verset arabe qui l'exprime : « Il n'y a qu'un Dieu et Mohammed est son Prophète ». Celui qui fait cette profession de foi devient musulman sans qu'il soit besoin de l'approbation ou du consentement de personne... Voilà la définition sommaire de la foi ; maintenant entrons dans quelques développements. L'homme, qui est supérieur aux autres animaux par son intelligence, a été tiré du néant pour adorer un créateur. Cette adoration se résume en deux mots :

(1) Ce document a été publié dans le *Journal des Débats* du 8 janvier 1888.

honorer les ordres de Dieu et compatir à ses créatures. Cette double adoration existe dans toutes les religions. Quant à sa pratique, les religions diffèrent, au point de vue de la règle, de la forme, du nombre plus ou moins grand des rites, des temps, des lieux, des conditions et des ministres. Mais l'intelligence humaine ne suffirait point pour connaître la manière de prier de la façon la plus digne de la gloire divine. Dieu dans sa clémence, en accordant à certains êtres humains le don de prophétie, en leur envoyant par l'intermédiaire de ses anges l'inspiration des écrits et des livres et en révélant ainsi la vraie religion, a comblé ses serviteurs de bienfaits. Le livre de Dieu qui est descendu le dernier du Ciel est le Coran sacré, dont les dispositions invariables, pieusement conservées dès le premier jour dans des volumes écrits et dans la mémoire de milliers de récitateurs, dureront jusqu'au jour du jugement dernier.

« Le premier des Prophètes a été Adam et le dernier Mohammed (que Dieu lui accorde le salut). Entre ces deux Prophètes, bien d'autres ont passé sur la terre : leur nombre n'est connu que de Dieu seul. Le plus grand de tous est Mohammed ; après lui viennent Jésus (1), Moïse et Abraham (que Dieu leur accorde le salut). Tous ces Prophètes ont menacé les fidèles du jour du jugement dernier ; aussi faut-il croire que les morts ressusciteront, qu'ils comparaîtront devant le tribunal de Dieu pour rendre leurs comptes et que les élus seront envoyés au paradis

(1) Les musulmans n'admettent pas la divinité de Jésus-Christ, fondement de la religion chrétienne. Cependant ils lui donnent le qualificatif de « souffle de Dieu ». Ils croient à l'inspiration des évangiles.

et les coupables en enfer. Toutes les actions de chacun en ce monde seront examinées une à une, et quoique tous les actes des soldats qui combattent pour la guerre sainte, même le sommeil, soient considérés comme une prière, ceux-là aussi seront obligés au jour du jugement dernier de rendre leurs comptes. Il n'y a d'exception que pour ceux qui meurent pour la sainte cause, c'est-à-dire pour les martyrs qui sans interrogatoire iront au Paradis.

« De même il faut attribuer le bien et le mal qui nous arrivent à la Providence de Dieu. Le croyant doit avoir foi en Dieu, en ses anges, en ses livres, en ses Prophètes, au jugement dernier et attribuer le bien et le mal à la volonté divine. Celui qui professe ces vérités est un vrai croyant, mais pour être un croyant parfait il faut accomplir ses devoirs, prier Dieu et éviter de tomber dans des péchés tels que le vol, l'assassinat, l'adultère, la sodomie...

« Si un croyant ne se conforme pas aux ordres de Dieu et n'évite pas les péchés qu'il défend, il ne devient pas pour cela un infidèle, mais il sera considéré comme un pécheur, c'est-à-dire comme un croyant égaré et aura mérité dans l'autre monde une punition provisoire. Il reste à la disposition divine : Dieu lui pardonne ou le condamne à passer en enfer un laps de temps, en proportion avec les fautes commises.

« La foi annule tout péché ; celui qui se convertit à l'islamisme devient innocent comme l'enfant qui vient de naître, et il n'est responsable que des péchés qu'il commet après sa conversion. Un pécheur qui se repent et qui sollicite en personne, de Dieu, la rémission de ses péchés obtient le pardon divin. Seulement les droits du prochain font exception à cette règle. Tout le monde est responsable, sans exception, vis-à-vis de son prochain, et pour éviter cette responsabilité que l'on retrouvera tôt ou tard, il n'y a qu'un moyen, celui d'obtenir le pardon de l'ayant droit. En tous cas, quelqu'un, pour se faire pardonner ses péchés, n'a pas besoin de l'intermédiaire d'un directeur spirituel.

« Outre la profession de foi dont nous avons parlé plus haut, un bon musulman doit prier cinq fois par jour de 24 heures, distribuer chaque année la quarantième partie de ses biens aux pauvres, jeûner pendant le mois de ramadan et faire une fois dans sa vie le pèlerinage de la Mecque. »

Ces quatre devoirs fondamentaux n'ont pas au même degré un caractère obligatoire. Le pèlerinage de la Mecque, par suite des difficultés qu'il présente, n'est pas exécutable pour tout le monde. Aussi la religion ne l'exige-t-elle que de ceux à qui leur santé et leur situation de fortune permettent d'effectuer un déplacement long et parfois périlleux. Les fidèles qui l'ont accompli ont le droit de porter le titre de « hadj » qui leur assure une vénération toute spéciale. L'aumône est pratiquée largement par tous les musulmans ; ils donnent généreusement aux nécessiteux et en particulier aux prisonniers dans les pays tels que le Maroc où le gouvernement ne pourvoit pas à leur nourriture ; mais leurs offrandes revêtent surtout un caractère religieux et sont destinées le plus souvent à témoigner de la vénération qu'inspirent les marabouts et les chefs de confrérie. De nombreux musulmans font donation de tout ou partie de leur fortune pour que les revenus en soient employés à l'entretien des mosquées, à des œuvres d'enseignement, de bienfaisance ou d'utilité publique ; certains stipulent, dans leur testament, qu'à l'extinction de leur descendance, leurs biens reviendront à telle ou telle institution de cette nature : c'est ce qu'on appelle la constitution d'un habons, usage très répandu dans tous les pays musulmans. La prière est l'acte par excellence par lequel le mahométan manifeste sa foi ; elle constitue pour lui le centre du culte public ; il prie individuellement au moins cinq fois par jour, et quand l'heure prescrite sonne, il interrompt fréquemment ses occupations pour accomplir ce devoir ; dans la campagne, les travailleurs prient au milieu des champs et à la ville il n'est pas rare de voir en passant dans les rues des marchands se livrer aux génuflexions rituelles au fond de leur boutique. Le jeûne du ramadan est la pratique religieuse à laquelle les musulmans sont le plus attachés et la dernière qu'ils abandonnent ; si beaucoup négligent les prières réglementaires, j'en ai à peine rencontré quelques-uns qui violaient en se cachant le jeûne du ramadan, et je n'en ai jamais connu un seul qui le fît ouvertement (1).

Ces quelques détails montrent à quel degré la religion est restée puissante dans les pays d'Islam. « Tous les musulmans sans exception, a écrit avec raison M. Rinn (2), ont cette foi robuste qui n'admet ni compromis, ni raisonnement et qui naïvement se

(1) Il y a une quinzaine d'années, lorsque j'étais attaché au Secrétariat général du Gouvernement Tunisien, on nous signala un indigène qui avait été emprisonné par le Caïd du Kef pour avoir violé le jeûne. Sur les représentations qui lui furent faites, le premier ministre ordonna sa mise en liberté.

(2) *Marabouts et Khouans*, étude sur l'Islam en Algérie (p. 1).

complaît dans son « credo quia absurdum ». Cependant, si tous ou presque tous sont croyants, c'est à tort, selon moi, qu'on les taxe uniformément de fanatisme. Il y a, à coup sûr, des fanatiques dans l'Islam comme il y en a dans toutes les religions, mais ce serait se tromper que de voir dans ce qui n'est partout qu'une déviation du sens religieux exalté jusqu'à l'exagération, l'essence même de l'enseignement de Mahomet. Chez les musulmans comme chez les chrétiens, le fanatisme est un fruit évident de l'ignorance et il diminue à mesure que la lumière se répand et que les préventions se dissipent. Dans la généralité, les musulmans me sont apparus comme des gens dominés avant tout par la recherche de leurs intérêts matériels, avec cela, stricts observateurs de leurs devoirs religieux, mais plutôt préoccupés par l'exécution des pratiques du culte que par la poursuite de l'idéal moral qui constitue l'esprit de toute religion. Cette importance exagérée, donnée à l'observance extérieure, se concilie aisément avec un respect superstitieux pour la tradition et pour l'enseignement des docteurs que personne ne se permettra jamais de discuter.

Aussi non seulement les musulmans ont en horreur tout ce qui paraît s'écarter de l'orthodoxie, mais ils se défient instinctivement des innovations dans tous les domaines. L'ignorance profonde dans laquelle ils vivent, sauf un trop petit nombre d'exceptions, et l'étroitesse d'esprit qui en découle, expliquent les préjugés ridicules nourris à l'égard des chrétiens principalement au Maroc. Mais ces préjugés s'atténuent progressivement dans les populations en contact prolongé avec des Européens, ainsi que nous le constatons en Algérie et en Tunisie. L'Islam est très loin d'être l'ennemi de l'instruction, comme on le croit généralement à tort. Mahomet a proclamé plusieurs fois la grandeur de la science. « La recherche de la science, a-t-il dit dans les « Hadith », est une obligation pour tout musulman et toute musulmane (1). »

Dans la société islamique, où l'on ne connaît pas le doute, la religion pénètre tout et se mêle à tout. Le Coran, révélation suprême de Dieu, apportée par son Prophète avec les « Hadith » (2) qui le complètent, ne règle pas seulement les relations des hommes avec la Divinité, mais aussi toutes les relations des hommes entre eux ; il est non seulement un code religieux et moral, mais aussi un code civil, criminel et politique. Le Prophète de Dieu, et après lui son successeur, est donc en droit le souverain temporel de tous les musulmans (3), et ses ordres, qui ne doivent être que l'application des règles tracées par le Coran, sont la loi. Aussi les sociétés musulmanes sont-elles de pures théocraties, dans lesquelles il est très difficile de démêler le domaine temporel du do-

(1) M. Sellami, un jeune écrivain musulman, a développé cette idée, au point de vue de l'instruction des femmes, dans un intéressant travail publié en 1896 dans la *Revue tunisienne*, organe de l'Institut de Carthage.

(2) Les *Hadith* sont des fragments de la vie de Mahomet et des paroles prononcées par lui, qui renferment des instructions et des exemples d'un caractère obligatoire pour les musulmans.

(3) « Celui qui meurt sans reconnaître l'autorité de l'Imam de son temps, a dit Mahomet dans ses *Hadith*, meurt dans l'ignorance, c'est-à-dire dans l'infidélité. » Il s'agit dans ce passage du grand Iman, chef de la religion et souverain temporel, qui n'est autre que le Khalife.

maine spirituel, et dans lesquelles l'enseignement et la justice sont inséparables de la religion.

Ainsi qu'on vient de le voir, l'islam est, comme le protestantisme, une religion essentiellement individualiste, basée sur la profession personnelle de la foi plutôt que sur la simple adhésion à un *credo* collectif. Comme le protestantisme encore, l'islam a un caractère éminemment laïque ; il ne possède pas de clergé hiérarchisé et constitué à l'état de caste. Le seul personnage revêtu d'un caractère ecclésiastique est l' « imam », dont le nom peut se traduire par *président*, et dont les fonctions consistent en effet à présider à la prière publique. Voici comment le Cheikh-ul-Islam de Constantinople définit son rôle dans le document déjà cité : « Notre devoir, à nous (les membres du clergé), ne consiste qu'à donner au peuple l'enseignement religieux et à lui apprendre ce qu'il ignore... Dans la religion musulmane, l'enfant naît musulman ; son père ou le chef de la famille lui donne un nom. Lorsqu'ils veulent contracter mariage, l'homme et la femme ou leurs mandataires seuls s'engagent en présence de deux témoins ; les contractants ne sont que les intéressés ; d'autres que ceux-là ne peuvent intervenir dans le contrat ni s'y associer. Un musulman prie tout seul, dans tous les lieux à sa convenance, et il implore directement Dieu pour la rémission de ses péchés ; il ne les confesse pas à autrui, et il ne doit pas le faire. A sa mort, les habitants musulmans de son quartier ou de sa ville sont obligés de le mettre dans un linceul et de l'inhumer. Tout musulman peut accomplir ce devoir, la présence d'un chef religieux n'est pas nécessaire. En un mot, dans tous les actes religieux, il n'y a pas d'intermédiaire entre Dieu et ses serviteurs. » Ainsi l'intervention du prêtre n'est nécessaire à aucun moment de la vie du musulman, ni à sa naissance, ni à son mariage, ni à sa mort; c'est uniquement pour la présidence du culte public qu'il faut avoir reçu une investiture spéciale. Le clergé, dont les fonctions sont limitées à la célébration du culte et à la prédication, voit par suite son influence considéralement réduite. En fait, elle est presque nulle dans tous les pays musulmans. Si l'on considère de près l'Islam officiel, on est obligé de constater qu'il manque d'organisation; les fidèles sont pour ainsi dire abandonnés à eux-mêmes et à leur conscience (1); en réalité, Mahomet a fondé une religion, mais il n'a pas organisé une Eglise.

Cette lacune, dont les inconvénients se sont fait sentir de bonne heure, est à mes yeux la raison d'être et l'explication des confréries musulmanes, où les fidèles trouvent ce qui fait défaut dans l'organisation officielle. Les confréries répondent en effet à deux besoins d'ordre différent : d'abord au besoin de mysticisme, qui n'est autre que le sentiment religieux plus ou moins exalté, et auquel reste indifférent le clergé officiel, qui, s'enfermant dans l'enseignement religieux proprement dit, s'interdit ce que dans les religions chrétiennes on appelle la cure d'âmes; en second lieu, le besoin de cohésion, que ressentent les fidèles de toutes les religions, et en vue duquel

(1) Cette organisation officielle, qui fait défaut chez les musulmans orthodoxes, a été réalisée dans les sectes dissidentes, telles que les Ouahabites d'Arabie et les Mozabites et les Jerbiens de l'Afrique du nord. Chez eux il existe des conseils d'églises (halka), dont les pouvoirs sont très étendus.

rien n'est prévu dans l'Islam officiel, où chaque croyant, isolé dans la foule, est laissé seul en face de Dieu. Les confréries comblent pour leurs adeptes ces deux lacunes : d'une part, elles entretiennent et développent chez eux avec le plus grand soin les tendances mystiques ; on les accuse même non sans raison de tomber parfois dans l'excès à cet égard ; d'autre part, elles constituent des groupements dont les adhérents deviennent solidaires les uns des autres et se rendent mutuellement de nombreux services. Les « khouan » ou frères, c'est ainsi qu'on les appelle en Algérie et en Tunisie (1), trouvent dans leur association un appui et une protection tout particulièrement utiles dans des pays où les faibles sont souvent livrés sans défense à l'arbitraire des puissants. Etudiées dans leur fonctionnement intime, les confréries musulmanes apparaissent comme de véritables églises, complètement organisées (2), avec leurs lieux de culte (3), avec leurs chefs auxquels les adeptes

(1) En Orient, les membres des ordres religieux sont connus sous les noms de « derouich » et de « fakir » (Rinn), au Maroc sous celui de « mrbout » (ce qui signifie *attaché*) ; il faut se garder de les confondre avec les nobles marabouts, dont il sera question plus loin.

(2) Léon Roches était de cet avis, puisqu'il parle quelque part de « l'importante secte religieuse de Moulay Taïeb ». (*32 ans à travers l'Islam*, t. II, p. 286.) Il faut comprendre que les confréries sont établies à l'intérieur de l'établissement officiel de l'Islam et sans rompre aucunement avec lui. Il y a souvent des dissentiments entre les chefs de confréries et les membres du clergé officiel ; mais ils résultent toujours de rivalités d'influences et les questions de dogmes y sont étrangères, car tous les ordres religieux ont grand soin d'établir leur stricte orthodoxie.

(3) Il y a deux sortes de lieux de culte : la « Jâmâ », qui correspondrait à une église paroissiale où a lieu la prière pu-

promettent obéissance (1) et qu'ils prennent pour directeurs spirituels. Ces chefs, répandus dans toutes les localités où existe un nombre suffisant d'adhérents, sont les mandataires du grand chef de l'ordre. Les principaux d'entre eux vivent dans une « zaouia », établissement qui renferme généralement à la fois un tombeau de saint, une mosquée, une école où l'on enseigne à lire dans le Coran, et une sorte d'hôtellerie, où une généreuse hospitalité est offerte aux membres de la confrérie, et où d'abondantes aumônes sont distribuées aux indigents. Tout cela est entretenu par la générosité des fidèles.

On se fait en France les idées les plus fausses au sujet de ces confréries. Parfois on les compare aux congrégations catholiques, comme s'il pouvait y avoir un rapport quelconque entre des moines, qui sont célibataires, qui vivent en commun, qui portent un costume spécial, et qui n'ont pas d'autre occupation que celle qui leur est assignée par leur supérieur, et les « khouan », qui vivent dans le monde, sont mariés et exercent chacun la profession qui lui

blique du vendredi, où l'assistance est obligatoire, et qui est desservie par un « imam », et la « mesjed », sorte de chapelle où les fidèles d'un quartier vont généralement le soir faire leurs dévotions, et qui sert souvent de lieu de réunion aux adeptes d'une confrérie.

(1) On a souvent cité ce passage de la formule d'initiation : « Tu seras entre les mains de ton cheikh comme le cadavre entre les mains du laveur des morts », et on l'a rapproché du « perinde ac cadaver » des Jésuites. Pour ne rien forcer, il faut se rappeler que les « khouan » vivant dans le monde, y ayant des affections, des intérêts et des passions, la discipline ne peut pas être aussi rigoureuse chez eux que dans les ordres monastiques.

convient. Plus souvent on les considère chez nous comme des sociétés secrètes, poursuivant surtout un but politique hostile à notre domination. Là où les confréries sont tracassées par les autorités, elles se cachent, mais dans les pays où personne ne les inquiète, en Tunisie et au Maroc par exemple, elles vivent au grand jour, et à certaines fêtes ou circonstances solennelles, elles traversent les villes en procession, enseignes déployées. Leur action politique a donné lieu à de nombreuses controverses. On a dit, et c'est exact, que les statuts de plusieurs d'entre elles interdisent à leurs affiliés de s'occuper des questions politiques. Mais il faut reconnaître que cette interdiction ne peut qu'être illusoire dans une société où la religion se mêle à tout. La vérité est que les confréries, qu'elles le veuillent ou non, ne peuvent pas éviter, à un moment ou à un autre, de faire de la politique, mais que leur raison d'être reste toujours exclusivement religieuse. Au début de notre établissement dans l'Afrique du nord, il était fatal que certaines d'entre elles fussent amenées à nous combattre ; aussi, dans toutes les insurrections algériennes, leurs menées, celles des Rahmanya en particulier, ont joué un rôle important. Mais précisément parce que ce sont avant tout des sociétés religieuses qui ont de graves intérêts à ménager, il devait arriver en même temps que d'autres trouvassent plus habile de se mettre de notre côté, et c'est ce qui s'est produit. Les Tijanya, par exemple, dont Abd-el-Kader avait assiégé la maison-mère d'Aïn-Madhi près Laghouat, ont pris ouvertement parti pour la France, et lui ont rendu dans plusieurs circonstances des services réels. « Nous avons plus d'une fois dû à la sagesse des chefs d'ordres religieux, dit M. Rinn (1), de voir avorter des insurrections partielles, ou de pouvoir maintenir dans le devoir, sans déploiement de troupes, des fractions frémissantes et disposées à prendre les armes contre nous. » En 1879, dit le même auteur (2), pendant l'insurrection de l'Aurès, notre meilleur appoint contre les rebelles a été le chef des Qadrya de ce pays, le caïd Si Mohamed-bel-Abbès, dont le fils a été tué dans nos rangs. » Cette confrérie, qui nous avait été primitivement hostile avec Abd-el-Kader, a renoncé à toutes ses préventions. Lors de la campagne de Tunisie, en 1881, notre agent consulaire au Kef, M. Roy (3), se trouvait seul Européen au milieu d'une population hostile aux Français. Un certain nombre d'agitateurs étrangers à la ville avaient juré de le mettre à mort et auraient exécuté leur projet, si le chef des kadrya, Si Kaddour, ne l'avait couvert de sa protection jusqu'à l'arrivée des troupes françaises. Tout récemment, un haut personnage appartenant au même ordre, le naïb de la zaouia d'Ouargla, Si Mohammed Taïeb, a rendu à la cause française de signalés services. Après être allé chercher dans le Sahara les assassins du Marquis de Morès pour les livrer à notre justice, il accompagna avec un goum indigène l'exploration scientifique Flamand, qui devait être l'occasion de l'occupation des oasis du Tidikeult et du Touat. Je n'ai pas oublié avec quel accent de légitime fierté, son frère, qui m'avait fait l'accueil le plus cordial dans sa zaouia de Nefta, me racontait que Si

(1) *Marabouts et Khouan*, p. 75.
(2) P. 200.
(3) M. Roy est aujourd'hui secrétaire général du gouvernement tunisien.

Mohammed était entré le premier dans In Salah avec ses deux cents cavaliers, guidant les troupes françaises. Ce vaillant et dévoué serviteur de la France devait lui sacrifier sa vie; quelques mois plus tard, il tombait dans une rencontre avec les rebelles en défendant notre drapeau. Ce serait donc se tromper grossièrement que de croire que les ordres religieux nous sont systématiquement hostiles (1). Maintenant que la conquête est terminée, la plus grande partie des musulmans acceptent le fait accompli. M. Rinn a noté cette évolution dans leurs idées, et l'explique dans le passage suivant (2) : « Cette obéissance à des Chrétiens ne trouble pas la conscience des Musulmans, car, disent-ils, rien n'arrive sans la volonté de Dieu, et, puisque Dieu a donné la force aux Chrétiens, et leur a permis de soumettre les Musulmans, les vrais croyants doivent se courber devant cette force qui est une émanation de la volonté de Dieu. » Cette attitude de soumission à l'autorité, même représentée par des chrétiens, devient de plus en plus celle des confréries, et elles ont d'autant plus d'intérêt à l'adopter qu'elles ne peuvent se passer de la bienveillance du pouvoir qui a le moyen de les gêner considérablement en interdisant les quêtes dont elles vivent. Aussi ne rencontre-t-on plus en elles, pas plus en Al-

(1) « Un fait, dit M. Rinn (p. 101), qui montre que le fanatisme des « khouan » n'est pas toujours agressif, c'est que certains mokaddem délivrent à des Chrétiens des lettres que l'on pourrait appeler des « brevets de khouan honoraires », car elles confèrent aux porteurs, en tous temps, en tous lieux, l'aide et la protection des membres de la congrégation, qui doivent les considérer comme étant leurs frères. »

(2) P. 17.

gérie qu'en Tunisie, des ennemis irréconciliables de l'élément français. Bien plus, elles se sont livrées, dans une circonstance récente, à une manifestation éclatante, qui montre qu'elles ont entièrement désarmé. Lors de la visite du Président de la République à Tunis, toutes les Confréries de la Régence sont allées spontanément le saluer, elles ont défilé devant lui dans une procession solennelle, inclinant leurs bannières devant celui qui personnifiait la France, et proclamant ainsi l'oubli des malentendus du passé et la bonne harmonie qui doit régner désormais entre l'Islam et la République française.

Pour compléter ce tableau résumé de la société islamique et des influences religieuses qui y agissent, il est nécessaire de dire quelques mots des marabouts. Lorsqu'un homme se fait remarquer par des vertus et une piété exceptionnelles, l'opinion publique le déclare saint, et il est l'objet d'une vénération universelle. Cela se voit dans d'autres religions, mais ce qui est particulier à l'islam, c'est que ce respect entoure après lui tous ses descendants à perpétuité ; la saintteté devient ainsi un véritable titre de noblesse. De même que dans les sociétés aristocratiques d'Europe, il suffit d'avoir eu un ancêtre qui a rendu il y a plusieurs siècles des services signalés à son roi ou à son pays pour jouir de toutes les prérogatives attachées au titre qui lui a été conféré, de même, chez les musulmans, il suffit d'être le descendant d'un saint pour être considéré comme si l'on était un saint soi-même. En théorie, cette sainteté héréditaire se perd par indignité ; mais dans la pratique, et, grâce à l'ignorance profonde de la masse des populations, même en ce qui touche à leur religion, certains marabouts jouissent des prérogatives de leur caste, qui sont loin de mener une conduite édifiante. A côté de la considération qui les entoure, le principal avantage, peut-être le seul, attaché au titre, est le privilège de recevoir les aumônes que la générosité des fidèles ne leur refuse jamais. Mais tandis que les uns, et ce sont les plus estimés, fondent ou administrent des zaouias, et font ainsi profiter le public de l'argent qu'ils reçoivent, d'autres se contentent d'en vivre. De même que toutes les noblesses, la noblesse maraboutique a ses degrés; plus le chef de la race a été saint, plus grande est la vénération qui entoure sa descendance. Les marabouts qui ont droit au plus grand respect sont donc ceux qui ont pour ancêtre, le personnage le plus sacré de l'Islam, le Prophète lui-même ; mais comme les branches collatérales ne sont jamais exclues, il y a dans tous les pays musulmans une multitude de marabouts, plus ou moins authentiques, qui prétendent descendre de Mahomet. Ils ont le titre de *chérif* (pluriel *cheurfa*). Parmi toutes ces familles qui se réclament du Prophète comme de leur ancêtre, il en est très peu dont les prétentions soient considérées comme sérieuses. Nous en citerons quatre : celle du grand Chérif de la Mecque, celle du grand maître de la confrérie des Kadrya, qui réside à Baghdad, celle de l'empereur du Maroc, dont la filiation présente cependant quelque obscurité, et enfin celle du Chérif d'Ouezzan, dont les titres au chérifat ne sont pas contestés. Ce dernier personnage qui est en même temps le descendant du fondateur de l'empire marocain, Moulay Edris, est en outre le chef d'une confrérie qui compte un très grand nombre d'adhérents, soit au Maroc, soit en Algérie, soit dans les oasis sahariennes, et qui s'est toujours montrée favorable à la France. Sa triple qualité de descendant authentique du Prophète, d'héritier légitime de la couronne impériale, bien qu'il ne fasse pas valoir ses droits au trône (1), et enfin de grand maître d'un des plus puissants ordres religieux de l'Occident musulman, fait de lui l'homme le plus considérable de toute l'Afrique du Nord. On croit qu'il possède, par une transmission héréditaire dans sa famille, le droit de disposer de la bénédiction divine (*baraka*). Les Sultans partagent cette croyance, et, à leur avènement, se hâtent de se faire bénir, ce qui constitue pour eux une sorte d'investiture religieuse (2). Ils font accompagner tous leurs corps de troupes par un délégué du grand Chérif, qui est l'aumônier de la colonne, et dont la présence est pour elle un gage de victoire. L'influence du Chérif d'Ouezzan est immense sur toute la population marocaine, et, même chez les berbères de l'Atlas qui repoussent l'autorité du Sultan, il est l'objet d'un véritable culte. Ces montagnards sauvages et ignorants résument presque toute la religion dans la vénération que leur inspirent les marabouts. M. de Ségonzac, qui a accompagné un délégué du Chérif dans une tournée de collectes (ziara) effectuée dans les hautes vallées inexplorées de l'Atlas, a écrit un pittoresque récit des manifestations d'enthousiasme

(1) Les affiliés de l'ordre doivent s'abstenir d'exercer des fonctions publiques (Note de Beaumier, dans *32 ans à travers l'Islam*, t. II, p. 298).

(2) En échange, le Sultan abandonne au Chérif la ville d'Ouezzan et plusieurs immenses domaines, dans lesquels il perçoit l'impôt et est propriétaire des récoltes. C'est donc un véritable seigneur féodal.

que soulevait partout la venue de ce saint personnage. « Ce n'est pas, raconte-t-il (1), une sinécure que d'être Chérif dans ce pays de foi ardente. Dès l'aube, quand il paraît sur le seuil de sa tente, Mouley Ali est assailli par les fidèles accourus. Ses propres serviteurs viennent lui baiser l'épaule ; les gens du pays lui baisent les mains, les pieds, embrassent le bas de ses vêtements ; les vieillards se permettent de longues et paternelles accolades. S'il est à cheval on lui baise les genoux. Chaque tribu a ses démonstrations particulières. Les Zemmours arrachent le toupet du cheval pour en faire des reliques ; les femmes berbères font toucher au Chérif une quelconque de leurs breloques familières qui devient un fétiche... Quand la foule est trop nombreuse, ceux qui ne peuvent atteindre le Chérif avec la main le touchent avec leur bâton ou leur fusil, ou bien encore ramassent une pierre à laquelle ils font une marque, la lancent sur le Chérif et s'efforcent de la rattraper. Leur fanatisme va plus loin. On raconte que Mouley Abd-es-Salem, Chérif d'Ouezzan, faillit être tué par les Beni-Mgild qui voulaient l'enterrer sur leur territoire, afin que la tombe du grand saint sanctifiât la tribu. » Le Chérif d'Ouezzan est, depuis 1881, protégé de la France. Il a envoyé l'un de ses fils, son héritier probable, saluer le Président de la République à Tlemcen.

A côté de ce personnage, qui pourrait être considéré à certains égards comme un pontife souverain, on trouve au Maroc d'autres grands marabouts qui jouissent d'une influence moindre, mais encore con-

(1) P. 82.

sidérable. Tels sont : le Chérif, chef de la famille des Ben Nasseur dans le Sous ; le Chérif, chef de la confrérie des Derkaoua de Mdaghara près du Tafilelt ; le Chérif, chef de la famille des Amrani, chez les Beni Mgild, et Sidi ben Daoud, de Bou-el-Djdad, dans le Tadla (1).

V

LE GOUVERNEMENT

Il existe au Maroc un souverain, le Sultan, auquel les puissances européennes donnent le titre d'empereur. En sa qualité de Chérif, descendant du Prophète, il réunit, conformément à la tradition islamique, l'autorité religieuse et le pouvoir politique ; il se considère comme le « Grand Imam » institué par Mahomet, le véritable commandeur des croyants, le légitime successeur des Khalifes, et regarde, non sans quelque apparence de raison, le Sultan de Constantinople, dont les ancêtres ont conquis leur situation par la seule force, comme un usurpateur. L'Islam orthodoxe (2) est divisé en deux fractions qui relèvent de deux chefs religieux différents : c'est une situation

(1) De la Martinière. — Notice sur le Maroc (Extrait de la *Grande Encyclopédie*).

(2) Il n'est pas question ici des musulmans schismatiques, tels que les Persans, les Ouahabites, les Jerbiens, les Mozabites, etc.

analogue à celle de l'Eglise catholique, à l'époque où il y avait un pape et un antipape. En Orient, en Tunisie et dans l'est de l'Algérie, l'autorité religieuse reconnue de tous les fidèles est celle du Sultan de Constantinople (1), tandis que dans l'ouest de l'Algérie et au Maroc c'est celle du Sultan de Fez. Si ce dernier pouvait établir aux yeux de tous les musulmans la certitude de sa généalogie, la légitimité de son pouvoir religieux et celle de son pouvoir politique qui en découle, s'imposeraient à tous. Malheureusement pour lui, ses prétentions à la descendance de Mahomet soulèvent des constestations (2). D'ailleurs il ne représenterait qu'une branche cadette par rapport à la famille d'Ouezzan, qui est la branche aînée, mais qui ne fait pas valoir ses droits, et qui sanctionne même par sa bénédiction et couvre de son autorité incontestée le pouvoir de la dynastie régnante.

Il s'en faut que, dans toute l'étendue du territoire que nos cartes décorent du nom de Maroc, l'autorité même spirituelle du Sultan soit reconnue partout. Elle est niée dans une grande partie du massif de l'Atlas. « Le Sultan, disait-on chez les Beni Mgild au Chérif d'Ouezzan qu'accompagnait M. de Ségonzac (3), c'est un juif; il a vendu le Tafilelt, le berceau de sa famille, le tombeau de ses ancêtres, aux

(1) On a interdit en Algérie de faire, au nom du Sultan de Constantinople, la prière pour le chef de la religion, qui est une partie importante du culte du vendredi ; mais il est douteux que cette interdiction soit rigoureusement observée partout.

(2) Les savants relèvent, paraît-il, une lacune dans l'arbre généalogique des sultans régnants (DE SÉGONZAC, p. 10).

(3) P. 138.

chrétiens ; nous ne voulons plus de Sultan filali, nous voulons un Sultan drisii », c'est-à-dire descendant de Moulay Idriss, le glorieux fondateur de l'empire du Maroc ; c'était lui dire que lui seul était le souverain légitime.

Dans beaucoup d'endroits le Sultan est accepté comme chef de la religion, et, en signe de soumission spirituelle, la tribu ou le village lui envoie chaque année un cadeau plus ou moins considérable ; mais on trouverait très mauvais qu'il cherchât à faire acte d'autorité au point de vue temporel, et ses troupes, si elles paraissaient, seraient reçues à coups de fusil. En certains endroits, on tolère la présence d'un caïd nommé par lui, mais à la condition qu'il reste inactif. A Casba-Tadla, sur le haut Oum-er-Rebia, M. de Foucauld en signalait un qui était obligé de se confiner dans sa demeure : « dès qu'il se montre, raconte ce voyageur (1), on le poursuit de huées ». A Taza, ville dont l'importance politique est énorme à cause de sa situation géographique, le caïd n'est pas mieux respecté. « Si Abd-es-Salem-ben-Abd-el-Malek, représentant du Sultan, dit M. de Ségonzac (2), ne sort jamais de chez lui, personne ne l'a vu, on ignore jusqu'à son nom. Presque tous ses moghazni l'ont abandonné ; il paye une redevance aux Riata pour se placer sous leur *mezrag* (protection). » Ailleurs, le Sultan pensionne des chefs berbères choisis par les populations et obtient ainsi la reconnaissance officielle, mais nominale, de sa suzeraineté (3). Le massif tout entier de l'Atlas vit dans une

(1) P. 58.
(2) P. 219.
(3) DE SEGONZAC, p. 128.

indépendance complète à l'égard du Sultan. « Le Riff, nous apprend M. de Ségonzac (1), n'est pas soumis, il demeure à demi indépendant. La plupart des caïds riffains, il est vrai, rendent hommage au Sultan, lui envoient des cadeaux et des offrandes. Mais ces hommages très platoniques s'adressent au chef spirituel plutôt qu'au souverain temporel. Le Sultan s'en contente, car il se sait impuissant à faire une conquête plus complète, une occupation plus définitive. L'état de choses actuel est cependant une sensible amélioration des relations d'antan. Le maghzen a su profiter habilement des occasions qui se sont offertes : guerres avec l'Espagne, querelles intestines entre les tribus, incidents de piraterie. Il est intervenu tantôt comme protecteur, tantôt comme arbitre, tantôt comme policier. A chaque intervention, son influence a fait un pas. Sa diplomatie s'entend à merveille à mettre en pratique la maxime machiévalique : *divide ut imperes.* Ses agents secrets font toute la besogne. » En somme, l'influence du gouvernement sur les parties insoumises du pays semble plutôt en voie de progrès ; mais comme on le verra plus loin, en même temps que le makhzen gagne du terrain d'un côté, il en perd fatalement d'un autre ; il se trouve donc en définitive ne faire qu'un travail de Pénélope.

Les territoires insoumis portent en arabe le nom de « blad-es-siba (2) », dont la meilleure traduction est « pays indépendant ». Ils sont gouvernés par des chefs locaux ou par des « djemaas » (assemblées de

(1) P. 41.
(2) « Siba » ou « seiba » vient d'un verbe arabe qui veut dire : lâcher, abandonner.

notables). Les diverses tribus, quand elles ne sont pas occupées à repousser les troupes du Sultan, sont continuellement en guerre les unes avec les autres. Au milieu de l'anarchie qui résulte de cet état de choses, les marabouts, grands personnages religieux, font sentir leur influence pacificatrice en s'efforçant de calmer les esprits et d'apaiser les dissentiments. Le reste du territoire marocain, la partie où l'autorité du Sultan est reconnue et obéie, s'appelle « blad-el-makhzen », ce qui veut dire « pays administré ». Il est impossible d'en indiquer l'étendue et d'en préciser les limites, à cause des insurrections perpétuelles, qui, à peine réprimées d'un côté, renaissent d'un autre. On peut dire cependant que le territoire soumis ne dépasse jamais le tiers de l'espace teinté sur les cartes aux couleurs du Maroc (1). Il se compose de quatre provinces séparées par d'immenses étendues indépendantes : le royaume de Fez et celui de Marrakeuch, entre lesquels vivent les grandes tribus insoumises des Zemmour et des Zaïan, et que réunit une étroite bande de territoire le long du rivage de l'Atlantique, à l'endroit où se trouve la ville de Rbat ; le Sous, conquis depuis quelques années, et enfin, de l'autre côté de l'Atlas, le Tafilelt, d'où la dynastie est originaire. Sur les deux routes qui unissent Fez au Tafilelt d'une part et à l'Algérie de l'autre, un certain nombre de postes fortifiés, Casbat-el-Makhzen, Taza, Oudjda par exemple, ont été établis pour garder les communications, à une

(1) M. Elisée Reclus, qui en a dressé la carte dans sa *Nouvelle Géographie Universelle*, t. XI, p. 656, ne l'évalue pas à plus du sixième du territoire.

époque où la puissance des Sultans pouvait s'affirmer ; mais, dans l'état de décadence où est tombé l'empire, les garnisons se sont fondues, et le pouvoir des représentants de l'autorité est devenu illusoire.

En territoire soumis, la formule du gouvernement est très simple : le Sultan, en sa qualité de successeur du prophète envoyé par Dieu, concentre en sa personne l'autorité religieuse et le pouvoir temporel. Il est propriétaire du sol (1) et maître absolu des biens et de la vie de ses sujets. Les ordres qu'il donne (*amer*) constituent la loi, à laquelle chacun est obligé de se soumettre sans discussion. A ce pouvoir absolu il n'y a pas d'autre frein que la conscience de celui qui l'exerce, et la loi religieuse, exprimée dans le Coran et les « Hadith », que le souverain est chargé de faire observer. S'il vient à s'en écarter, les savants, les docteurs (*aoulama*), qui forment un corps très influent, ont le droit de lui adresser des remontrances. Il ne viendra jamais à l'esprit d'un musulman de critiquer ce mode de gouvernement. On entend souvent des plaintes, parfois très vives, contre son application, contre les injustices et les abus de tout genre qu'il engendre et qu'il tolère, mais le principe sur lequel il repose n'est jamais mis en discussion. Il faut reconnaître d'ailleurs, avec tous ceux qui ont vécu dans les milieux musulmans, que, s'il était pratiqué par des hommes honnêtes et intègres, uniquement animés de l'amour du bien public, par sa simplicité, par ses procédés expéditifs, il offrirait d'in-

(1) Dans les principales villes, excepté à Tanger où la présence de nombreux Européens a fait accepter un régime immobilier spécial, le Sultan est propriétaire de toutes les maisons ; son représentant en perçoit le loyer et pourvoit à leur entretien.

contestables avantages, et serait admirablement approprié aux populations qui en sont dotées.

Il n'y a pas au Maroc de ministères organisés comme dans les pays d'Europe. Cependant le Sultan, ne pouvant tout faire par lui-même, s'entoure d'un certain nombre d'agents, exécuteurs de ses volontés, qui portent le nom de *fekih* (jurisconsultes), et dont les attributions sont généralement spécialisées. Chacun d'eux s'entoure d'un certain nombre de secrétaires qu'on appelle *thaleb* (1).

Il y a tout d'abord le *fekih-el-kebir* (grand jurisconsulte), l'homme de confiance du Sultan, qui est son véritable premier ministre, et sur qui, lorsqu'il préfère ne pas porter lui-même les soucis du gouvernement, il se décharge de toutes les affaires de l'Etat. Ensuite vient le *fekih-es-srhir* (petit jurisconsulte), qui s'occupe des choses de l'armée. On trouve en outre l'*amin-el-oumana* (intendant des intendants), « qui, avec le chef des payeurs, forme le ministère des finances et l'administration des domaines (2) » ; le « ministre des plaintes », c'est-à-dire de la justice ; un ministre chargé des relations avec les puissances étrangères (l'ouzir-el-bahar, ministre de la mer), qui a un délégué à Tanger, où sont établies les légations ; enfin, un ministre de la maison de l'Empereur et un chambellan. Tout ce personnel constitue ce qu'on appelle le *makhzen* (l'administration). A l'exception du ministre des finances, qui ne quitte jamais Fez, il accompagne le Sultan dans ses fré-

(1) Ce mot, dont le pluriel est *tolba*, s'applique en général dans les autres pays musulmans aux étudiants.

(2) DE LA MARTINIÈRE. — *Notice sur le Maroc*, p. 43.

quents déplacements, soit qu'il se transporte de l'une à l'autre de ses capitales, soit qu'il suive l'armée en campagne.

Un gouvernement organisé de cette manière a besoin de s'appuyer sur une force armée solide et considérable. Aussi longtemps que les Sultans en ont eu une à leur disposition, ils ont été puissants et respectés. Mais il n'en est plus de même aujourd'hui où l'armée est tombée au dernier degré de la désorganisation. Les efforts tentés pour l'instruire et la discipliner par la mission militaire française et par les instructeurs anglais que le Sultan a appelés auprès de lui, sont paralysés par le mauvais vouloir et par les méfiances du makhzen, et n'ont abouti à aucun résultat appréciable. A peine quelques unités arrivent-elles à défiler en ordre et à manœuvrer correctement, lorsque le Sultan cherche à éblouir par un déploiement de forces militaires les ministres étrangers qui lui rendent visite. La masse de l'armée ne possède aucune organisation régulière pouvant être comparée à celle des troupes européennes. On donne le nom de *guich* à la cavalerie, qui se recrute de diverses façons. Certaines tribus, qui s'appellent *tribus makhzen,* ont obtenu l'exemption de tout impôt à la condition de fournir des cavaliers au Sultan, et de se tenir en tout temps prêtes à prendre les armes pour sa défense. Cette organisation avait été établie par les Turcs dans toute la partie de l'Afrique du nord où ils ont dominé. Un corps de cavaliers nègres, les célèbres Abid-Boukhari, est formé de descendants d'esclaves amenés du Soudan au commencement du XVIIIe siècle. Il a joué jadis au Maroc le même rôle que les janissaires en Turquie ; mais réduit en nombre, et dépouillé de toute influence politique, il n'est plus que le noyau de l'armée permanente. Le Sultan possède aussi une garde particulière, les *Mechouara*, qui fait le service du palais. Tous ces cavaliers, qui portent le nom de *mokhaznia* (agents du gouvernement), à côté de leur rôle militaire, sont aussi chargés de percevoir les impôts et de remplir toutes sortes de missions administratives. L'infanterie, divisée en *tabors* (bataillons) se recrute généralement dans les villes, chaque localité importante devant fournir un bataillon. Chaque unité est commandée par un *caïd-arha* (chef de 1.000 hommes), sous les ordres duquel sont des *caïd-mia* (chefs de 100 hommes). Le Sultan possède une artillerie de campagne, forte de deux bataillons, qui est instruite par la mission militaire française, et une artillerie de forteresse dans les ports de mer. La durée du service militaire ni l'âge du recrutement n'étant pas fixés par la loi, on incorpore de tout jeunes gens aussi bien que des vieillards, et ils restent parfois indéfiniment sous les drapeaux. On estime à 15.000 ou 20.000 hommes au maximum le total de l'armée permanente (1). Mais il est impossible de fixer un chiffre précis, car les effectifs ne sont jamais au complet, surtout dans les postes éloignés. Voici en quels termes M. de Foucauld parle de l'un d'eux, Casbat-el-Aïoun, dans le voisinage de la frontière algérienne : « Le Sultan croit avoir ici, dit-il (2), 600 réguliers commandés par un arha (agha) : de fait il y possède 100 ou 150 malheureux qui n'ont de soldat que le

(1) Frisch. — *Le Maroc*, p. 203.
(2) P. 255.

nom. Il envoie 5.000 francs par mois pour la solde de la troupe : les hommes ne touchent rien, sont nus et meurent de faim ; l'arha et ses lieutenants gardent tout. » Ces pratiques sont générales et n'ont pas cessé d'être en usage, puisque, vingt ans plus tard, en 1901, M. De Ségonzac visitant le Rifl a fait à Djenada, près de Melilla, une constatation analogue (1) « Une garnison d'une centaine d'hommes occupe la Qaçba ; on me dit que la solde y est perçue pour 1.200 hommes. » Il n'est pas étonnant que des troupes soumises à ce régime, soient obligées pour vivre de se livrer au pillage. « Les soldats du Sultan, dit encore M. De Ségonzac (2), ont ici, comme partout au Maroc, la réputation d'être les pires bandits de la contrée. » « Seigneur, disent les Riffains, écrit-il ailleurs (3), envoie-nous la grêle qui ravage nos moissons, ou les sauterelles qui détruisent nos récoltes ; mais préserve-nous des soldats du maghzen, qui éventrent nos femmes, violent nos enfants, coupent nos arbres et brûlent nos maisons. » Ils ont décimé la tribu des Beqqouïa et ravagé si complètement ses champs que pendant dix années la terre ne nourrira pas les survivants. »

Le gouvernement marocain ne se préoccupant pas de travaux publics et n'ayant à pourvoir ni au service de la justice, ni à l'enseignement, ni au culte, dont les dépenses sont couvertes par les justiciables ou les fidèles, toutes ses ressources sont consacrées à deux uniques objets : l'entretien de la cour et celui de

(1) P. 46.
(2) P. 38.
(3) P. 48.

l'armée. Pour faire face à ces dépenses, il a diverses sources de recettes : le revenu des propriétés du Sultan, les cadeaux qu'il reçoit, les amendes et les impôts. Ces derniers comprennent l'achour (dixième de la récolte des céréales) et le zekkat (impôt sur le bétail), dont le rendement est évalué à 3 millions de francs, l'impôt des juifs et un droit de péage pour les bêtes de somme, dont le rendement est minime, et enfin le produit des douanes, qui est évalué par M. de La Martinière, avec celui des octrois, à un million seulement. Ce chiffre doit s'être accru depuis lors. En effet, il est perçu 10 0/0 de la valeur sur toutes les marchandises importées par mer, ce qui, pour une importation totale de 80 millions, représenterait 8 millions. Il est vrai que jusqu'à ces derniers temps les fraudes étaient nombreuses. Mais pour les empêcher, le Sultan s'est avisé d'un moyen très simple : il se fait remettre les statistiques commerciales dressées chaque année par les agents consulaires des diverses puissances, et il exige des fonctionnaires préposés à la perception des droits le versement intégral des sommes correspondant à la valeur des marchandises déclarées (1). Le total des recettes du gouvernement marocain est estimé, par M. de La Martinière (2), à une quinzaine de millions. Divers auteurs ont parlé d'économies considérables réalisées chaque année et ont mentionné la présence

(1) A la suite des événements de 1860, l'Espagne a exercé un contrôle sur les douanes marocaines, qui servaient de garantie au paiement de l'indemnité de guerre qu'elle avait obtenue. Mais le Maroc s'est libéré de sa dette et le contrôle espagnol a pris fin.

(2) *Notice sur le Maroc.*

d'un trésor fabuleux, où des sommes énormes seraient entassées soit à Meknès, soit au Tafilelt. Il semble bien qu'il n'y ait pas là autre chose qu'une légende. En effet, le jeune Sultan, qui règne depuis 1894, pour n'avoir pas su mesurer ses dépenses et s'être laissé aller à écouter les conseils intéressés de quelques fournisseurs peu scrupuleux, émules du célèbre « nabab » d'Alphonse Daudet, semble avoir rapidement épuisé les réserves de numéraire que lui avait laissées son père, puisqu'il en est réduit à contracter des emprunts à l'étranger (1).

Le souci très vulgaire de se procurer de l'argent a toujours été l'unique but de la politique des Sultans à l'égard de leurs sujets. Aussi la perception de l'impôt est-elle la principale parmi les attributions des gouverneurs de province. Sous le nom tantôt de pacha, tantôt d'amel, tantôt de caïd, ils sont les représentants du gouvernement central sur leur territoire et exercent par délégation tous les pouvoirs politiques. En même temps que des finances, ils sont également chargés de la police et de la justice criminelle, la justice civile étant réservée aux cadis, nommés, eux aussi, par le Sultan.

« Le gouvernement marocain, dit M. Narcisse Cotte (2), est un pressoir dont la hiérarchie politique est la vis et le Sultan le moteur. La matière foulée, c'est tout ce qui n'est ni vis ni moteur. Ce qu'on demande au pressoir, ce sont des flots d'or. Le rôle conservateur du pouvoir se résume en ceci : ménager le jeu de la vis, de telle sorte que la partie foulée

(1) Il a même dû faire vendre à Londres les bijoux de la couronne.

(2) *Le Maroc contemporain*, p. 186.

aujourd'hui puisse s'enrichir d'une nouvelle substance et réserver à l'avenir de nouvelles promesses... Le Sultan d'une seule parole a donné le mouvement. Il a dit à tel pacha : « Il me faut cent mille piastres. » Le pacha a dit à ses caïds : « Sidna (Notre-Seigneur) veut de l'argent ; si chacun de vous ne me donne cent mille piastres, chacun de vous pourrira en prison. » Les caïds appellent à eux les plus riches, les notables, les négociants : « Sidna veut de l'argent ; celui d'entre vous qui ne m'apportera pas mille piastres périra sous le bâton. » Ainsi l'ordre parti d'en haut se transmet toujours plus menaçant jusqu'aux individus taillables et corvéables à merci. Bâton, prison, violences de toute sorte venant en aide, l'or finit par jaillir au milieu d'un concert de soupirs et de gémissements ; et, montant comme une sève dans le tronc du despotisme souverain, lui communique chaque jour une nouvelle vigueur. N'oublions pas de rappeler que si l'empereur demande mille piastres, le pacha demande autant de fois mille piastres qu'il a de caïds sous sa dépendance ; les caïds autant de fois cette somme qu'ils ont d'administrés présumés assez riche pour la donner, d'où il résulte que pour chacun de ces fonctionnaires l'ordre impérial n'est qu'un prétexte aux exactions particulières. Le Sultan sait d'ailleurs que penser là-dessus. Il n'a garde de rien réformer : il trouve plus avantageux de pratiquer la pression à la deuxième puissance ; et cette fois c'est aux caïds et aux pachas de dégorger les trésors qu'ils ont engloutis pour leur propre compte. L'empereur juge-t-il qu'un de ses pachas ou caïds s'est approprié, à la faveur des coupes réglées qu'il a exécutées au nom du maître dans les biens de ses sujets, une quantité notable de piastres et de douros : il donne des ordres pour qu'on l'amène à la cour... Arrivé au terme de son voyage, la victime est jetée dans un cachot, d'où on la tire chaque jour pour la soumettre à la bastonnade, seul moyen d'amener la révélation du lieu où sont cachés les trésors convoités... Quand le bâton a fait sortir du coffre une somme assez ronde, ils sont renvoyés avec honneur pour l'ordinaire, et réintégrés dans leurs dignités et leurs prérogatives qu'ils exercent avec la résolution de plus en plus ardente de se créer des ressources pour l'avenir. »

Ces lignes ont été écrites en 1860 ; il n'y a pas grand'chose de changé depuis lors. M. de Foucauld, qui a visité le Maroc en 1883, a représenté ainsi qu'il suit la situation des campagnes (1) : « Le « blad-el-makhzen », triste région où le gouvernement fait payer cher au peuple une sécurité qu'il ne lui donne pas ; où entre les voleurs et le caïd, riches et pauvres n'ont point de répit ; où l'autorité ne protège personne, menace les biens de tous ; où la justice se vend, où l'injustice s'achète, où le travail ne profite pas ; ajoutez à cela l'usure et la prison pour dette : tel est le « blad-el-makhzen ». On travaille le jour, il faut veiller la nuit : ferme-t-on l'œil un instant, les maraudeurs enlèvent bestiaux et récoltes ; tant que l'obscurité dure, ils tiennent la campagne : il faut placer des gardiens ; on n'ose sortir du village ou du cercle des tentes ; toujours sur le qui-vive. À force de fatigue et de soin, a-t-on sauvé les moissons, les a-t-on rentrées, il reste encore à les dérober au caïd ;

(1) Page 39.

on se hâte de les enfouir, on crie misère, on se plaint de sa récolte. Mais des émissaires veillent : ils ont vu que vous alliez au marché sans y acheter des grains : donc vous en avez ; vous voilà signalé : un beau jour une vingtaine de mkhazni arrivent ; on fouille la maison ; on enlève le blé et le reste ; avez-vous des bestiaux, des esclaves, on les emmène en même temps ; vous étiez riche le matin, vous êtes pauvre le soir. Cependant il faut vivre, il faudra ensemencer l'année prochaine : il n'y a qu'une ressource, le juif. Si c'est un honnête homme, il vous prête à 60 o/o, sinon à davantage. Alors c'est la fin : à la première année de sécheresse, viennent la saisie des terres et la prison ; la ruine est consommée. Telle est l'histoire qu'on écoute à chaque pas ; en quelque maison que l'on entre, on vous la répète. »

Un pareil mode de gouvernement ne peut que réduire les populations au désespoir et les pousser à la rébellion. Aussi les insurrections sont-elles à l'état permanent dans la partie dite soumise du territoire marocain. Elles sont plus ou moins vite réprimées, suivant les forces dont dispose le makhzen, mais elles renaissent fatalement à bref délai sur un autre point. Si avec cela, et c'est le spectacle dont nous sommes en ce moment les témoins, les hasards de l'hérédité placent le pouvoir en des mains faibles et inexpérimentées, toute cette organisation absolutiste, qui a besoin pour fonctionner d'avoir à sa tête un maître énergique, tombe en dissolution, et l'insurrection s'étend de toutes parts. Si elle rencontre un chef hardi, il proclame que le Sultan gouverne contre la loi religieuse, et au nom de l'Islam le proclame déchu. La lutte se poursuit entre les deux compétiteurs avec des alternatives diverses de victoires et de défaites, et des défections de tribus passant tour à tour d'un parti à l'autre parti, qui font pencher la balance du succès tantôt d'un côté, tantôt de l'autre. A l'heure actuelle, l'autorité du Sultan filali n'est plus respectée que dans les villes; Tetouan a failli tomber au pouvoir des insurgés. La fidélité même de la capitale, Fez, est douteuse, et la voix publique a imposé l'expulsion de tous les chrétiens qui n'étaient pas couverts par l'immunité consulaire. Il est impossible de prévoir quelle sera la conséquence de ces événements. Le prétendant, qui est un inconnu sans passé et sans prestige personnel, saura-t-il maintenir assez de cohésion parmi ses partisans des campagnes, et gagner assez de sympathie dans les villes pour détrôner le Sultan? Ou bien les soldats de l'insurrection se lasseront-ils et laisseront-ils à la diplomatie du makhzen le temps de ramener petit à petit les révoltés? C'est le secret de l'avenir. Mais quel que soit le dénouement qui se prépare, il ne modifiera pas la situation générale. Un seul mot la caractérise, dans toute l'étendue du territoire auquel les cartes donnent le nom de Maroc, région indépendante ou région prétendue soumise : c'est l'anarchie, dans toute la force de ce terme.

A des degrés divers, cette situation n'a pas changé depuis des siècles, l'histoire de l'empire chérifien est là pour l'attester, et cela seul suffit pour établir que le pays est impuissant à en sortir par lui-même. La société musulmane peut produire des individualités remarquables, capables de créer une grande œuvre, d'organiser un système administratif savamment conçu; mais la tournure d'esprit de la masse, les vices de l'état social font que cette œuvre ou cette institution, si belle ou si intelligemment agencée qu'on la suppose, ne sera jamais durable. Les architectes musulmans ont construit des monuments superbes : ils n'ont pas su les réparer et les entretenir ; partout et toujours ils les ont laissé tomber en ruines. Il en sera de même de toute réforme administrative ou sociale tentée par un gouvernement musulman abandonné à lui-même.

VI

LES POSSIBILITÉS ÉCONOMIQUES

Lorsqu'on veut se rendre compte de la puissance de la production d'un pays, l'un des moyens que l'on emploie le plus généralement consiste à consulter la statistique de son commerce extérieur, qui permet d'évaluer l'excédent de la production sur la consommation, l'un des signes de la richesse économique. Les renseignements de cette nature que l'on possède sur le Maroc manquent de certitude. En effet, le gouvernement local n'ayant jamais songé, il est à peine besoin de le dire, à organiser un service de statistique, on ne possède que les chiffres très approximatifs réunis, d'après les indications que leur fournissent bénévolement les négociants, par les agents consulaires que les diverses nations entretiennent dans les huit ports ouverts au commerce maritime : Tanger, Tétouan, Larache, Rbat, Casablanca, Mazagan, Safi et Mogador. En ce qui concerne le commerce extérieur effectué par voie de terre, on n'a pas d'autres données que les chiffres enregistrés dans les quelques postes que la douane algérienne a établis le long de la frontière; mais les documents officiels reconnaissent qu'une notable partie du trafic échappe à toute constatation (1). Il ne faut donc considérer les renseignements puisés à ces diverses sources que comme de simples évaluations. D'ailleurs l'état politique du Maroc, que nous avons esquissé plus haut (2), crée au commerce toutes les entraves imaginables, et le met dans l'impossibilité de se développer.

D'abord la loi n'autorise que l'exportation d'un très petit nombre de produits. Ensuite le manque de sécurité est tel que le cultivateur, dans la crainte d'éveiller les convoitises des voleurs, et celles, peut-être plus redoutables encore, des agents de l'administration, limite le plus possible ses semailles, de manière à réduire sa récolte à ce qui lui est strictement nécessaire pour vivre. Il n'y a donc jamais surabondance de produits sur les marchés, et par suite, les quantités disponibles pour l'exportation sont toujours restreintes. En outre les moyens de transport sont à l'état le plus rudimentaire. Non seulement il n'existe pas de chemins de fer, mais il n'y a pas même de charrettes ni de voitures d'aucune sorte, faute de routes carrossables. On n'a construit que deux ou trois ponts; partout ailleurs il faut franchir les cours d'eau à gué, et attendre pour cela la fin des crues, ou

(1) *Bulletin de l'Office de Renseignements Généraux de l'Algérie.*

(2) Voir chap. V.

passer sur des radeaux. La seule route empierrée qui se trouve dans tout le Maroc est celle qui réunit les deux villes voisines de Fez et de Meknès, et qui a pour but de faciliter les déplacements de la cour de l'un à l'autre des palais que le Sultan y possède. Encore n'est-elle pas entretenue ; pour qu'on songeât à la réparer, il a fallu que le jeune souverain actuel ait eu la fantaisie d'y circuler en automobile. On ne connaît au Maroc que ce qu'on appelle en pays arabe des pistes, c'est-à-dire des sentiers tracés par les passants. «Au Maroc, dit M. Wolfrom (1), le chemin c'est où l'on passe, surtout lorsqu'on se rend dans des endroits peu fréquentés. Entre Fez et Tanger cependant, il y a presque une véritable route, formée de nombreux sentiers, se longeant, se coupant, s'entrecroisant, quelquefois sur une largeur de dix mètres et plus. » Il ne peut y circuler que des piétons, des cavaliers et des bêtes de somme : ânes, mulets ou chameaux. M. de Ségonzac (2) signale une caravane d'ânes qui faisait constamment la navette entre Fez et Taza, mais dont les événements actuels ont dû interrompre le va-et-vient ; on ne connaît pas d'autre exemple d'une organisation à peu près régulière de transports. Des procédés aussi primitifs ne peuvent que grever la marchandise de frais élevés au moment de son arrivée au port et nuire considérablement au développement du commerce. Qu'on ajoute à cela le manque de sécurité, entretenu par la faiblesse et l'incurie des autorités dans les pays soumis au Sultan, et par les guerres continuelles entre tribus en pays indé-

(1) *Le Maroc ;* étude commerciale et agricole, p. 54.
(2) P. 219.

pendant, et l'on aura une idée des conditions déplorables qui sont faites au commerce dans toute l'étendue du Maroc.

Quoi qu'il en soit de la valeur des renseignements officiels que nous possédons sur le mouvement commercial de l'empire chérifien, ils suffisent pour en donner une idée générale. L'importance totale du commerce extérieur est évaluée à une centaine de millions, dont 85 pour le commerce maritime et 16 ou 18 pour le commerce terrestre. Parmi les ports, Tanger occupe le premier rang par le chiffre de ses affaires (15 millions et demi); ensuite viennent Mogador (12 millions), Casablanca (un peu plus de 10 millions), et Mazagan, à peu près autant (1). Les principaux produits sont à l'importation : les cotonnades, dont la valeur est de 13 millions et qui viennent presque exclusivement d'Angleterre (2); les draps (500.000 francs) qui venaient autrefois uniquement de France et d'Angleterre, mais dont une notable quantité arrive maintenant d'Allemagne; les sucres, de provenance française, mais concurrencés par l'Autriche et la Belgique (près de 10 millions); les bougies, qui étaient autrefois de fabrication française, mais qui ont été remplacées presque entièrement par une qualité fournie par l'Angleterre et la

(1) Ces chiffres se rapportent à l'année 1899. Ils ont été réunis, d'après les documents consulaires français, par M. Augustin Bernard. (Le commerce au Maroc, dans la *Revue Générale des Sciences*, 15 février 1903.)

(2) Pendant ces dernières années, on a introduit au Maroc une qualité de satin-coton, fabriquée en France, à Villefranche, qui est fort goûtée des habitants. (Lettre du Ministre de France à Tanger, publiée dans la *France Colonisatrice*, 1er trim. 1903).

Belgique (1200.000 francs) ; le thé, vendu par des importateurs anglais (2 millions) ; le café, venu en partie des entrepôts de France ; la quincaillerie, dans laquelle les Allemands se sont fait une place importante. A l'exportation il faut noter : en premier lieu les laines, qui représentent 4 millions et sont dirigées vers la France, l'Allemagne et l'Angleterre ; les cuirs et les cornes de bœuf ; les peaux et les poils de chèvre (3 millions), qui, depuis quelques années, se dirigent vers l'Amérique ; les bœufs, qui vont à Gibraltar et en Algérie (1600.000 francs) ; la cire d'abeilles (1 million) ; le maïs (1 million) (1) ; les fèves, le fenugrec, les lentilles, les pois chiches, l'huile d'olive, le sésame ; les citrons, les oranges, les noix et les amandes ; les dattes, la gomme arabique, etc. A ces articles il faudrait ajouter le blé et l'orge ; mais l'exportation des céréales n'a été autorisée qu'exceptionnellement et pendant trois ans, de 1891 à 1893, à la demande de l'Allemagne (2).

Le commerce extérieur du Maroc qui emprunte la voie de terre, si l'on fait abstraction des transactions avec le Sahara qui ont peu d'importance, s'effectue en totalité avec l'Algérie. « Ce mouvement, dit M. Wolfrom (3), est relativement considérable, et s'étend à une zone qui n'est pas moindre de la tierce

(1) Ces chiffres, qui ne s'appliquent qu'au commerce maritime, représentent la moyenne des 5 années 1894-1898. Ils sont empruntés à M. Augustin Bernard, à qui ils ont été communiqués par la légation de France à Tanger.

(2) L'autorisation d'exporter des orges a été de nouveau accordée en 1902 par le Sul[illegible] p[illegible]ndant son séjour à Rbat ; nous ignorons combien de [illegible]ps el[illegible]e [illegible]rera.

(3) P. 34.

partie du Maroc, puisqu'il se prolonge jusqu'à Fez, jusqu'à la haute Moulouya, et jusqu'au Tafilelt. On peut compter que tous les terrains situés à l'est d'une ligne imaginaire tirée du Nord au Sud, à une journée de marche de Fez vers Taza, ont un trafic plus actif avec l'Algérie qu'avec l'est du Maroc, et qu'en s'approchant du méridien de Debdou toutes les populations échappent à l'influence du trafic maritime. On se fera une idée de l'importance de ces relations... quand on saura que les seuls marchés de Lella-Marhnia et de Sebdou vendent annuellement pour dix millions de francs environ de moutons, de laines, de poils et de peaux provenant des tribus marocaines voisines. D'autre part, on peut estimer à cinq ou six millions la valeur des articles européens fournis par les négociants de Nemours, Lella-Marhnia, Sebdou et Tlemcen. » Depuis que ces lignes ont été écrites (1893), l'importance des importations par cette voie a encore augmenté, notamment pour les denrées coloniales, par suite de l'organisation par la douane algérienne du transit en franchise pour certains produits à destination du Maroc, (et par la création d'un petit port algérien à l'embouchure du Kiss.

Tel qu'il est, ce commerce de 100 millions pour un pays plus grand que la France doit être considéré comme insignifiant relativement à ce qu'il serait, si le Maroc était doté d'une administration régulière, qui saurait maintenir l'ordre, et qui favoriserait le commerce et l'agriculture, au lieu de les rendre impossibles. Son importance est à peu près égale à celle du commerce de la Tunisie, dont la population est pourtant environ dix fois moindre. On peut donc prévoir qu'une organisation politique normale aurait pour effet de décupler à bref délai le commerce du Maroc. L'Algérie, dont le chiffre de population n'atteint pas la moitié de celui de l'empire chérifien, fait plus de 600 millions de commerce extérieur. Il est facile d'entrevoir le magnifique avenir commercial que réserve l'ouverture du Maroc aux entreprises européennes.

Les voyageurs sont presque unanimes à vanter les richesses naturelles du versant maritime de l'Atlas. M. de Foucauld, tout le long de sa route, se répand en témoignagnes d'admiration. « Les environs de la ville (Tétouan) sont, dit-il (1), d'une admirable fertilité... Le Djebel Beni-Hassan (au sud de Tétouan) présente un aspect enchanteur ; des champs de blé s'étagent en amphitéâtre sur son flanc, et, depuis les roches qui le couronnent jusqu'au fond de la vallée, le couvrent d'un tapis d'or : au milieu des blés brillent une multitude de villages entourés de jardins (2)... Sans être riante comme la première, écrit-il avant d'arriver au Sbou (3), c'est encore une riche contrée. Le sol, terreux partout, est entièrement cultivable ; de beaux champs de blé, d'orge et parfois du maïs en couvrent la plus grande partie, et en prouvent la fécondité... Le pays du Nord (de Fez) est d'une richesse extrême ; ce ne sont que cultures, villages, jardins, plantations de vignes et d'oliviers (4) ». A Sfrou, l'enthousiasme de ce voyageur éclate : « J'entre dans les jardins, dit-il (5), jardins

(1) P. 4.
(2) P. 6.
(3) P. 13.
(4) P. 18.
(5) P. 38.

immenses et merveilleux, comme je n'en ai jamais vu qu'au Maroc ; grand bois touffus, dont le feuillage épais répand sur la terre une ombre impénétrable et une fraîcheur délicieuse, où toutes les branches sont chargées de fruits, où le sol toujours vert ruisselle et murmure de sources innombrables. Chechaouen, Taza, Sfrou, Fichtala, Beni-Mellal, Demnat, autant de noms qui me rappellent ces lieux charmants ; tous sont également beaux, mais le plus célèbre est Sfrou. » Ailleurs, à propos du Djebel Zerhoun : « Ce massif, sans autres arbres que ceux de ses jardins, est d'une fertilité extraordinaire ; ses pentes ainsi que le plateau qui le couronne sont couverts de vergers et de cultures ; il est renommé pour ses olives, ses raisins, ses oranges, ses fruits dè toute espèce. » « Sur le plateau, écrit-il après avoir franchi l'oued Beth (1), on entre dans une région toute différente, aussi florissante que la précédente était déserte et sauvage : sol couvert de cultures, foule de ruisseaux au milieu des champs ; quantité de beaux douars, à l'aspect prospère, entourés de frais jardins. C'est au milieu de cette riche campagne, dont la fertilité est proverbiale... qu'est situé le « Tlata » (marché du mardi). » « Les Aït Atta ne sont pas riches, quoique rien ne manque à leur pays pour être prospère : la montagne n'est que bois et pâturages, sur les pentes douces, dans les vallées, dans la plaine d'Ouaouizert, le sol est fertile : on y voit des jardins et des cultures florissantes, l'eau abonde partout (2) » « La plaine du Sous, toute d'une admirable fécondité, est loin d'être

(1) P. 43.
(2) P. 69.

cultivée en entier. Pendant que champs, jardins et villages se pressent sans interruption sur les rives du fleuve, ils sont très inégalement répartis dans le reste de la vallée. Le sol de celle-ci est occupé partie par des cultures, partie par des prairies, partie par des forêts; nulle part il n'est nu; partout cette terre généreuse se tapisse d'une verdure abondante (1)... Les environs de Taroudant sont d'une richesse extrême. Dès qu'il est labouré, ce sol admirable de la vallée du Sous, dont une grande partie reste inculte, devient d'une fertilité merveilleuse (2). »

Cette appréciation n'est pas particulière à M. de Foucauld. M. de Ségonzac, qui a parcouru d'autres parties du Maroc, la confirme pleinement. Dans le Rifl, la vallée de l'oued Azari est « un verger continu, où croissent en un pêle-mêle merveilleux les oliviers, les caroubiers, les noyers, les amandiers, ombrageant des orges mûres et des prés fleuris (3) ». « Bou Adel n'est pas inférieur à son renom. La source fameuse qui arrose son vallon jaillit assez puissante pour faire tourner un moulin; les caroubiers sont énormes; les noyers qui ombragent la place sont les plus beaux que nous ayons vus; cent oranges valent un grich (25 centimes environ); les citronniers embaument; les mûriers bordent les chemins de leur luxuriante frondaison; partout des lianes, des pampres festonnent et les arbres et les maisons.,. Le vieux caïd nous a dit qu'on ne connaissait à Bou Adel ni les servitudes, ni les soucis de l'existence, qu'on y vivait dans l'abondance... Aïn-Bou-Adel n'est pas

(1) P. 190.
(2) P. 192.
(3) P. 54.

une exception ; tous les villages que nous traversons en descendant la rive gauche (de l'oued Ouerra)... paraissent également riches. Et la rive droite ne semble ni moins habitée ni moins prospère (1). » Mêmes observations pour l'oued Innaouen, où « une charge de raisins s'échange contre une poule (2). » Le massif de l'Atlas n'est pas inférieur en ressources. « Les Béni-Iasrou (non loin de l'Aïn-Sbou) possèdent une vallée encaissée admirablement fertile. De grands villages, des villes même avec enceintes et mosquées, s'échelonnent dans la vallée et sur ses flancs... La vallée n'est qu'une succession de villages, de jardins, de cultures (3). » Il faut lire la description de la région des Beni-Ouaraïn (4) : « La nature a si bien défendu ce pays, l'a comblé de tant de richesses que l'on n'y connaît ni la guerre ni la misère. Les gens sont riches et généreux. La seule zaouia de Sidi-bel-Qassem a donné au chérif 40 outres pleines de miel, six charges de beurre et 1.100 francs en argent. Le miel est un des principaux produits du pays. Les oliviers, les peupliers, les noyers, les figuiers forment un bosquet continu. La vigne envahit les arbres, s'enchevêtre aux branches, franchit l'oued, tissant sur nos têtes un lacis de lianes, d'où pendent, jusque dans l'eau, d'énormes grappes déjà mûres. » Voici maintenant comment M. de Ségonzac résume la sensation qu'il a éprouvée pendant son voyage à travers les parties inexplorées du massif de l'Atlas (5). « Du

(1) P. 68.
(2) P. 224.
(3) P. 228-229.
(4) P. 205.
(5) P. 234.

haut des terrasses de la ville de Mouley-Idris, j'ai voulu revoir ce matin, avant de partir, au soleil levant, le splendide décor où Fès est enchâssée, les coteaux des Djebala, d'Hiaïna, des Oulad-el-Hadj et des Béni-Mtir, et par delà ces collines blondes, les montagnes toujours bleues du Moyen Atlas. Je ne puis m'empêcher de songer avec un peu de confusion combien ce voyage de quelques mois a démenti ma conception des pays Braber. De la même terrasse, au mois de février dernier, le Moyen Atlas avec ses cimes neigeuses, ses crêtes tourmentées, perdues dans les brumes hivernales, m'était apparu comme une terre assez misérable, à peu près déserte, tout à fait inhospitalière, à qui de terribles légendes faisaient un rempart d'épouvante. Et ce matin, dans la limpidité et la douceur de ce jour élyséen, à travers mes souvenirs de route, *je le revois tel qu'il est vraiment, riche, peuplé, avec ses monts boisés et ses vallées fertiles*, admirable réduit où la race la plus indomptable du monde s'enferme dans son farouche isolement. »

Il ne faudrait pas cependant tomber dans l'exagération et conclure de ces citations que toutes les parties du Maroc maritime sont également riches et fertiles. Il s'y trouve certainement, comme dans tous les pays du monde, des terres arides à côté des terres fécondes. Mais il nous suffit de savoir que cette seconde catégorie de terrains est largement représentée. Pierre Loti, qui a décrit, avec son style si lumineux et si coloré, la route de Tanger à Fez, a remarqué que là où les cultures étaient absentes, les plaines étaient presque partout parsemées d'asphodèles, ce qui, si je m'en rapporte aux observations personnelles que j'ai eu souvent l'occasion de faire en Tunisie, est un signe certain de fécondité. « La terre, dit-il (1), noire et grasse, est merveilleusement fertile. » Il compare les environs de Ksar-el-Kebir à une Beauce, et la plaine du Sbou à une « plantureuse Normandie (2) ». Il faut rapprocher de ces constatations, émanant d'un littérateur, mais d'un homme qui sait voir l'aspect extérieur des choses, celles qui ont été faites plus récemment dans le sud du Maroc par le Dr Théobald Fischer, professeur à l'Université de Marbourg, qui a parcouru le pays entre Mogador et Casablanca (3). Ce savant allemand « a fait une étude définitive des terres noires (tirs) et des terres rouges (panvis) du Maroc. Les premières surtout sont d'une extrême fertilité; ce sont d'excellentes terres à céréales. L'explorateur a pu en relever des superficies considérables au nord de l'Oum-Rebia; la profondeur des couches y dépasse souvent plusieurs mètres. Mais la terre noire disparaît sur les rives de l'Oum-Rebia et ne se rencontre plus au sud de ce fleuve qu'en îlots de minime importance. La terre rouge, plus abondante, est moins fertile. Les deux se composeraient de granules de quartz (70 o/o) cimentés par des débris organiques pour la terre noire et par un mortier d'argile et d'oxyde de fer pour la terre rouge... Il est certain que les plateaux du Maroc occidental sont, à l'exception d'une étroite bande côtière brûlée par les vents marins, d'une extrême fertilité. L'explorateur allemand fait des descriptions

(1) *Au Maroc*, p. 59.
(2) *Au Maroc*, p. 105.
(3) Ma troisième exploration des plateaux occidentaux de l'Atlas marocain. (*Annales de la Société de géographie de Hambourg*), t. XVIII, 1902.

enthousiastes de certaines vallées, comme celles d'Aïn-el-Hadjar (1) ». De son côté, M. le marquis de Ségonzac voulait bien me communiquer l'impression d'ensemble que lui a laissée son grand voyage en me disant que, « partout où il a passé, si les hauteurs sont généralement arides, tous les fonds de vallées sont remarquablement fertiles ».

L'une des raisons de cette fécondité générale tient à la fréquence des cours d'eau et à la régularité des pluies, résultat du voisinage d'un massif alpestre qui emmagasine d'abondantes chutes de neige. « Supposez un millier de mètres ajouté aux montagnes de l'Algérie et de la Tunie, dit très justement M. Augustin Bernard (2), et vous aurez une juste notion des possibilités agricoles du Maroc ». « La nature argileuse et forte des terres des environs de Tanger, écrit M. Wolfrom (3), leur fait retenir l'humidité ; les pluies continuelles ont ainsi pour résultat fréquent de causer la pourriture des semences du sol. Dans les provinces de la côte ouest, au contraire, la pluie filtre rapidement à travers un sol léger et sablonneux ; on y craint plutôt le manque que l'excès de pluie. » Mon collègue de la Société de Géographie de Marseille, M. Hubert Giraud, qui a habité Mogador pendant plusieurs années, m'affirme que dans le sud du Maroc, moins favorisé que le nord au point de vue des pluies, les années de sécheresse sont infiniment plus rares

(1) Résumé du travail du Dr Fischer, publié par M. Voost Von Vollenhoven, dans le *Bulletin de Société de géographie commerciale*, 1903, p. 274.

(2) « Les productions naturelles, l'agriculture et l'industrie au Maroc », dans la *Revue Générale des Sciences*, 30 janvier 1903.

(3) P. 40.

qu'en Algérie et en Tunisie. C'est là, au point de vue agricole, un avantage capital. Les céréales, les fruits de toute nature, les légumes secs et frais, l'huile et le vin, l'apiculture et le bétail, dont l'élevage réussit à merveille dans ce pays de cours d'eau et de pâturages, telles sont les ressources à peine exploitées, que le Maroc développerait presque à l'infini, si un gouvernement intelligent lui assurait la sécurité et le bon ordre.

Mais les produits de la culture du sol ne sont pas les seuls que l'on trouverait dans cette contrée privilégiée, si la situation politique permettait de les exploiter. Tandis que les plateaux qui s'étendent entre l'Atlas et l'Atlantique sont presque entièrement déboisés, comme tous les pays où s'est répandue l'invasion arabe, il reste dans les hautes vallées et sur les sommets de la chaîne d'importants massifs forestiers. On y rencontre des chênes-liège en plusieurs endroits, notamment le long de la côte, entre Rbat et Casablanca, aux environs d'Ouezzan, dans le Riff (1) et dans l'Atlas. Le Djebel Aït-Ioussi produit des bois de construction, poutres et planches, qui font à Sfrou l'objet d'un commerce considérable (2). On en trouverait ailleurs, ainsi que des bois d'ébénisterie, tels que l'arar, sorte de cyprès particulier au pays. Les principales essences sont l'olivier, le caroubier, le cèdre, l'acajou, le santal (3). Il faut mentionner aussi un arbre dont l'aspect rappelle celui de l'olivier, et qui ne croît qu'entre le Sous et l'Oum-er-Rebia, sur une

(1) Sur les pentes de l'oued Brouma et près du village de Taffah. (DE SÉGONZAC, p. 36 et 65.)

(2) DE FOUCAULD p. 39.

(3) WOLFROM, p. 4.

profondeur qui ne dépasse pas 50 kilomètres à partir du littoral : l'arganier, dont la baie, que mangent les bestiaux, possède un noyau renfermant une amande oléagineuse ; ce produit, que les indigènes emploient pour leur cuisine, pourrait être exporté en Europe pour les usages industriels. On est très mal renseigné sur les minéraux utilisables que renferme le territoire marocain, car le gouvernement interdit formellement toute prospection : « on crèverait les yeux à celui qui se livrerait à ce travail (1) ». On a parlé de la présence de l'or et de celle du nickel, mais rien n'est moins certain. Par contre on n'a aucun doute sur l'existence du fer en beaucoup d'endroits, du cuivre dans le Sous et du zinc chez les Beni-Snassen le long de la frontière algérienne (2). M. de Ségonzac a signalé une mine de plomb et de galène, exploitée par des procédés primitifs, dans la haute Mlouia (3). Enfin on connaît des gisements de pétrole près de Ksar-el-Kebir et au Djebel Zerhoun, et des gisements de houille au nord-est de Tétouan. Il faut ajouter que la mer qui baigne le littoral atlantique est tellement riche en poissons (alose, rouget, anchois, sardine, sole, turbot, maquereau, thon, etc.) que l'établissement de pêcheries pourrait devenir une industrie fructueuse (4).

Il résulte donc de cet ensemble de témoignages que le Maroc renferme de grandes richesses naturelles, dont un mauvais gouvernement interdit de tirer parti. « Il est pénible pour les Européens, dit M. Wol-

(1) Wolfrom, p. 8.
(2) De La Martinière. *Notice sur le Maroc.*
(3) Près de la zaouïa de Sidi Hamza ; p. 181
(4) Wolfrom, p. 8

from (1), de constater que le Maroc est un pays dont les ressources nombreuses sont laissées à l'abandon... Que de terrains perdus pour le moment ! que de richesses qui dorment ! » Pierre Loti lui-même, qui ne cache pas son désir de voir l'ordre de choses actuel durer toujours, dans l'intérêt du pittoresque et de la couleur locale, ne peut s'empêcher de s'écrier, presque malgré lui (2) : « Quel grenier d'abondance ce Maroc pourrait devenir ! »

Lorsqu'on songe à tant de forces naturelles gaspillées sans profit pour personne, à tant de riches produits qu'un peu d'intelligence et de travail tirerait du sol et de la mer, pour donner à toute une population le bien-être qui lui fait défaut, on ne peut pas s'empêcher de penser que la situation politique de l'empire chérifien constitue un scandale économique, et qu'il est du devoir de l'Europe d'y mettre un terme.

VII

LES COMPÉTITIONS EUROPÉENNES

A une époque où la fièvre coloniale, qui sévit sur l'Europe avec une intensité sans pareille, s'est répandue jusqu'aux Etats-Unis d'Amérique, et a poussé les na-

(1) P. 54 et 55.
(2) *Au Maroc*, p. 59.

tions civilisées à se disputer tous les territoires vacants de notre globe, il n'était pas possible qu'une contrée aussi belle et aussi riche que le Maroc ne fût pas l'objet de nombreuses compétitions. Cela n'a pas manqué d'arriver. Mais il s'est produit ici un phénomène qui n'est pas nouveau dans l'histoire : le grand nombre des compétiteurs et l'ardeur même de leur poursuite les ont empêchés d'aboutir, et le Maroc a réussi jusqu'à ce jour à les écarter tous. Leurs efforts opposés, se neutralisant les uns les autres, ont eu pour unique résultat de maintenir debout une organisation politique, qui, sans cette circonstance, se serait peut-être écroulée par le seul effet des éléments de désagrégation qu'elle renferme. Le gouvernement chérifien, comprenant à merveille la situation qui lui était faite par les convoitises des puissances chrétiennes, a toujours su s'appuyer sur certaines d'entre elles, dont les événements lui dictaient le choix, pour combattre les prétentions des autres. Son unique but a toujours été de les tenir à égale distance, et de fermer le plus possible son pays à toutes les influences étrangères. C'est pour cela qu'il n'a jamais autorisé les légations à se fixer ailleurs qu'à Tanger, considérée par lui comme une ville souillée par leur présence, et qu'il accorde à grand'peine aux Ministres plénipotentiaires, nouvellement installés dans leurs fonctions, une courte audience dans sa capitale. C'est pour cela aussi qu'il a multiplié les entraves au commerce extérieur, se refusant obstinément à permettre aucune amélioration à la viabilité des villes et des campagnes et à l'aménagement des ports, et interdisant l'exportation des principaux parmi les produits naturels du sol.

Pour venir à bout de cette résistance passive, servie par des procédés dilatoires, un seul moyen serait efficace : une entente des grandes puissances aurait bientôt brisé cette force d'inertie, qui s'oppose au progrès, et maintient le pays dans la barbarie. Malheureusement cette entente ne s'est jamais produite : chaque nation, préférant poursuivre isolément un but particulier, avec l'arrière-pensée de résoudre plus tard la question à son profit exclusif, s'est heurtée à toutes les autres. Chacune a réussi sans peine à faire échec à ses rivales, et c'est à cela qu'elle a employé tous ses efforts, mais aucune n'est parvenue à obtenir pour son compte des avantages sérieux. Une semblable ligne de conduite, qui est celle de toutes les puissances sans exception, entraîne cet inconvénient de rendre tout progrès impossible, car chaque fois que l'une d'entre elles propose au Sultan une entreprise quelconque, construction d'un chemin de fer par exemple ou travaux d'amélioration d'un port, qui serait utile au développement du pays mais qui augmenterait l'influence de la nation qui en serait chargée, toutes les autres s'entendent pour faire échouer le projet. Cette politique d'obstruction, qu'on a appelée avec juste raison la politique du « chien du jardinier », ne pouvait amener que des résultats négatifs, et elle n'en a pas produit d'autres. Certaines personnes pensent qu'on pourra la pratiquer toujours, et qu'on parviendra ainsi à reculer indéfiniment la solution du problème marocain. C'est compter sans les événements. Supposons en effet que le gouvernement du Sultan vienne à s'effondrer par suite d'une révolution intérieure, et c'est là une hypothèse que l'insurrection actuelle rend parfaitement plausible, que se passera-t-il ? La plus hardie parmi les puissances compétitrices se hâtera d'expédier des troupes et de faire occuper les points les plus importants. Les autres n'auront plus alors qu'à accepter le fait accompli, en sacrifiant peut-être des intérêts vitaux, ou à déclarer la guerre; on n'aperçoit pas une troisième alternative. Voilà, qu'on ne s'y trompe pas, la conséquence logique de la politique négative qui a été suivie jusqu'à ce jour au Maroc. Le moment est venu d'ouvrir enfin les yeux sur le redoutable inconnu vers lequel elle entraîne, et de rechercher s'il n'y aurait pas une meilleure attitude à prendre. Aux rivalités internationales n'est-il pas possible de substituer une entente internationale, qui serait féconde en résultats positifs? Pour résoudre cette question, il faut commencer par la poser avec toute la netteté possible, et pour cela préciser quelles sont les puissances qui ont des intérêts engagés au Maroc et quelle est la nature exacte de ces intérêts.

Pour n'oublier personne, et en suivant l'ordre d'importance progressive, les seules nations intéressées dans les affaires marocaines sont la Suède et la Norvège, le Portugal, l'Italie, les Etats-Unis, la Belgique, l'Allemagne, l'Espagne, l'Angleterre et enfin la France. Nous allons rechercher en quoi consistent exactement leurs intérêts respectifs.

La Suède et la Norvège ne sont représentées dans les tableaux de douane que par des bois de construction, des fers, et du pétrole. Le Portugal reçoit du Maroc des alpistes, des graines et des pois chiches pour une valeur totale d'un million de francs (1). L'Italie

(1) Nous donnnons les chiffres ronds d'après M. Augustin Bernard. « Le commerce au Maroc » (*Revue générale des Sciences*, 15 février 1903).

n'est représentée sur les tableaux de douane que par des étoffes de soie et quelques produits d'exportation, pour 7[illegible]0.000 fr. Cette dernière nation a obtenu il y a quelques années, pour un officier de son armée, la direction d'une cartoucherie installée à Fez. Les États-Unis reçoivent du Maroc des peaux et des poils de chèvre et de faibles quantités d'alpistes ; le total de ces expéditions représente 1.900.000 fr., auxquels il faut ajouter 500.000 fr. de farines et semoules importées (1). La Belgique a pris récemment une place dans le commerce d'importation du Maroc : elle y écoule des bougies, des fers, du sucre, de la bijouterie, de la cristallerie, pour une valeur totale de 2.600.000 fr.

Ces divers pays n'ont dans l'empire chérifien que des intérêts purement commerciaux ; ils ne peuvent prétendre à y exercer une action politique, en fait ils n'y songent pas. Il n'en est pas de même de l'Allemagne. Cet empire, qui, depuis qu'il a constitué son unité, est devenu une des principales puissances commerciales et industrielles, et a su se faire une place sur tous les grands marchés du monde, n'a pris pied que depuis peu d'années au Maroc, mais il y a progressé avec une rapidité qui a fait naître chez ses concurrents de sérieuses appréhensions. Actuellement son commerce se chiffre par environ sept millions de francs, et se classe au quatrième rang. Il consiste principalement dans l'importation d'alcool, de bougies, de bière, de cristallerie, de drap, de velours, de

(1) Chiffre de 1886, donné par M. Wolfrom, p. 25. C'est par le port de Larache qu'ont lieu la presque totalité des transactions.

quincaillerie et de sucre. A l'exportation on ne trouve à mentionner que des cuirs et des laines. « En 1880, dit M. Joost Von Vollenhoven, d'après le Dr Fischer (1), l'Allemagne n'avait pas d'intérêts commerciaux au Maroc, et dans tout l'empire chérifien on comptait 16 Allemands. En 1890, deux lignes de navigation subventionnées, la Wœrmann et l'Oldenbourg portugaise, desservent régulièrement les ports de la côte marocaine, et, dès 1898, la part de l'Allemagne dans le commerce général du pays (2) est de 14 o/o... Les 16 Allemands de 1880 sont 193 en 1898, éparpillés dans tout l'empire : 100 à Tanger, 5 à Larasch, 6 à Rabat, 30 à Casablanca, 11 à Mazagan, 12 à Saffi, 22 à Mogador, 4 à Fez. A Tanger il y avait, en 1898, 11 maisons commerciales allemandes, à Rabat 2, à Casablanca 8, à Mazagan 8, à Saffi 5, à Mogador 4, à Fez et à Marrakech 1. A Casablanca et à Mogador il y a des médecins allemands, des consuls allemands dans tous les ports et des stations météorologiques le long de toute la côte. Ces faits et ces chiffres sont éloquents. » L'activité extraordinaire déployée par les négociants allemands a été puissamment encouragée et facilitée par l'appui constant qu'ils ont trouvé dans la représentation diplomatique et consulaire de leur pays. On affirme même, qu'au début tout au moins, le gouvernement allemand n'a pas hésité à les soutenir pécuniairement. Il espérait, en créant ainsi pour ses nationaux de puissants intérêts économiques, en faire le fondement d'une action po-

(1) *Bulletin de la Société de Géographie commerciale de Paris*, 1903, p. 278.
(2) Il ne s'agit ici que du commerce maritime.

litique qui lui permettrait d'ajouter un jour le Maroc, ou tout au moins une fraction importante de ce grand pays, aux possessions coloniales de l'empire d'Allemagne. Il a fait, paraît-il, plusieurs tentatives infructueuses, notamment en 1871, en 1883 et en 1888, pour obtenir la cession d'une parcelle de territoire sur la côte du Riff, sous le prétexte d'y établir un dépôt de charbon (1). Ces projets ambitieux ne sont point dissimulés par le Dr Fischer, qui vient de constituer une société d'études du Maroc, dans le but d'en préparer la réalisation. Un tel plan, qui rentre parfaitement dans le programme d'expansion coloniale que l'Allemagne n'a encore réalisé que partiellement, serait exécutable, s'il ne se heurtait pas aux intérêts évidents des autres grandes nations européennes. Comme on le verra plus loin, la nature des choses s'oppose absolument à un partage du Maroc, et l'Europe ne peut pas permettre à un nouveau venu aussi redoutable que l'empire allemand de s'installer à l'entrée de la Méditerranée, et par ce fait de devenir prépondérant dans cette mer. Tous les Etats qui ont des intérêts engagés dans la Méditerranée : la France, l'Espagne, l'Italie, l'Autriche, la Russie, et plus qu'eux tous l'Angleterre, parce qu'elle y occupe actuellement la situation la plus forte, s'opposeraient unanimement à la conquête du Maroc par l'empire germanique. De son côté, l'Allemagne ne possède en réalité que des intérêts commerciaux au Maroc ; ces intérêts sont considérables ; il est naturel qu'elle cherche à les faire respecter, et qu'elle ne permette

(1) *Documents pour servir à l'étude du nord-ouest africain*, par De La Martinière et Lacroix, t. I, p. 299.

pas qu'on l'exclue brutalement d'un marché qu'ont réussi à lui ouvrir l'activité et les sacrifices de ses commerçants. Mais à y regarder de près, c'est à cela que se bornent ses intérêts réels. La conquête du Maroc n'est pas pour elle une de ces nécessités vitales pour lesquelles une nation se tient prête à tout sacrifier. Elle perdrait le sentiment de la juste mesure des choses, si, pour réaliser ce rêve d'un parti, elle mécontentait toute l'Europe, et se lançait dans une entreprise aventureuse, dont le succès serait problématique. Par contre, on ne voit pas pourquoi elle refuserait son assentiment à une combinaison qui, en rétablissant l'ordre au Maroc, sans qu'il lui en coûtât rien, amènerait un développement presque indéfini du commerce de ce pays, et lui permettrait de continuer à en prendre sa part légitime.

A l'heure actuelle, l'Espagne occupe le troisième rang dans le mouvement commercial du Maroc. Elle participe pour 6.800.000 francs dans le commerce maritime, constaté par les statistiques consulaires; les principaux articles sont, à l'exportation, les fèves, les lentilles, les pois chiches, les graines d'alpiste, les oranges, les bœufs et les peaux, et, à l'importation, la bijouterie et le chocolat. Il faut ajouter à cela les importations faites par le port espagnol de Melilla, sur la côte du Riff, que M. Wolfrom (1) évalue à 1.500.000 francs; elles consistent en sucre, cotonnades, thé, et surtout en armes. Encore ce commerce est-il, pour une grande part français, soit par la provenance d'une forte partie des produits importés (les sucres), soit par la nationalité des capitaux et des

(1) P. 35.

négociants qui le mettent en œuvre. Si les intérêts commerciaux de l'Espagne au Maroc sont médiocres, cette puissance a plus que les autres le devoir de suivre les événements qui s'y déroulent, car seule elle y possède un nombre relativement considérable de ses nationaux, et plusieurs lambeaux de territoire. Environ 7.000 Espagnols sont établis au Maroc, principalement à Tanger et aux environs. « Ils n'ont ni industrie, ni navigation, ni commerce sérieux. Ils ne développent aucune activité économique. Ils étendent simplement leur prise de possession par la misère. De même que dans l'Oranie, on voit débarquer au Maroc nombre de pauvres hères venus d'Espagne. Mais tandis que dans la colonie française ils trouvent un cadre français, capable de les diriger, des capitaux français, capables de les employer excellemment à la prospérité du pays, au Maroc cette race, incapable d'organisation et de direction, ne se livre qu'à d'infimes métiers, aux entremises et à la fainéantise des lazzarones. Quelques Espagnols, à vrai dire, sont maraîchers, mais on les rencontre surtout dans la banlieue de Tanger comme chevriers, comme bergers, ne différant en rien des indigènes, sinon en ce qu'ils portent un chapeau... Dans l'ensemble, et livrés qu'ils sont à eux-mêmes, ils n'importent guère qu'un paupérisme à peine plus intelligent, mais plus insolent que celui des indigènes (1) ». L'Espagne a fondé à Tanger un hôpital. En vertu d'un droit qu'elle possède seule au Maroc, elle a institué dans cette ville une mission catholique, confiée à des Franciscains, à

(1) « Les Affaires du Maroc » (*Bulletin du Comité de l'Afrique Française*, mai 1900).

laquelle sont rattachées des écoles, dont une école industrielle. Elle possède également des bureaux de poste dans les principales villes (1). La Compagnie transatlantique espagnole dessert Cadix, Gibraltar et Tanger ; cette société a créé dans cette dernière ville une usine de lumière électrique.

Les intérêts territoriaux que l'Espagne possède au Maroc existent depuis le XVIe siècle. Ils consistent dans l'occupation de deux ports et de quelques îlots sur la côte méditerranéenne, qui servent de bagnes, et qui portent le nom officiel de « Présides ». Ceuta, que les Espagnols prononcent « Céouta », est construit sur une presqu'île rocheuse ; il fait face à Gibraltar, à l'entrée du détroit, et constitue par suite un point stratégique d'une réelle valeur. Mais il n'a que des fortifications démodées et un armement devenu inefficace. « Pour l'importance du trafic, dit M. Elisée Reclus (2), le contraste est grand entre le Gibraltar marocain et le Gibraltar espagnol... Ceuta, ville silencieuse et sans commerce, a du moins la beauté de l'aspect, la propreté des rues, la blancheur des maisons, toutes ornées de balcons ouvragés et fleuris. » Le second port espagnol du Maroc, situé plus à l'est, Melilla, est la résidence du gouverneur général des Présides. Elle a une garnison composée d'un régiment d'infanterie, d'un peloton de cavalerie et de détachements d'artillerie et du génie. Elle possède un bagne pour les condamnés espagnols. Sa population civile est

(1) Tétouan, Fez, Meknès, Arzila, Salé et Marrakech (COUSIN, *Tanger*, p. 90, 93 et 97).

(2) *Nouvelle Géographie Universelle*, t. XI, p. 709.

de 600 habitants. Son commerce est assez actif ; il étendait son rayon d'action, sur le Riff, le bassin de la Mlouia et le versant saharien de l'Atlas : mais l'Algérie est en train de prendre sa place, depuis que le chemin de fer du sud-oranais a été prolongé jusqu'à Figuig, et que le transit en franchise des marchandises destinées à l'exportation a été organisé. Voici la pittoresque description que M. de Ségonzac a donnée de cette ville (1) : « Melilla apparaît presque droit au nord et étriquée sur son socle de roches. On nous fait contourner le territoire de la Préside. Sa frontière est marquée par des tas de pierres blanchies à la chaux ; elle dessine un demi-cercle de 4 kilomètres de rayon. Dans cette étroite enceinte se pressent douze ouvrages militaires : casernes, fortins, batteries, blokhaus ; modèles étrangement surannés, sans fossés ni parapets ; ils n'ont à résister qu'à la fusillade, puisque les Riffains ne possèdent pas d'artillerie. Au pied d'une grande caserne blanche, surmontée d'une fine dentelle de créneaux et d'une tour carrée où flotte le pavillon espagnol, s'étale le marchfeld. Les fantassins y font du maniement d'armes, un peloton de cavaliers, en dolman bleu de ciel à brandebourgs noirs, fait des conversions au trot, une section montée promène d'une allure de sommeil deux pièces et leurs servants. Là aussi, comme dans la mahalla de Selouen, les soldats semblent mourir d'ennui. Leur faction sur cette terre ingrate est un rude et monotone exil. De loin en loin quelque sournoise agression nocturne, quelque furieuse ruée de Riffains, vient secouer leur

(1) P. 42.

torpeur. Pendant quelque temps on double les sentinelles, on fait des patrouilles vigilantes, des rondes soigneuses ; puis on se lasse de ce perpétuel état de siège, on se blase sur ce danger latent, et la garnison retombe dans l'oisiveté.... J'ai été frappé de ce fait que personne ne s'est attaché à la préside. C'est un bagne pour les condamnés, un exil pour leurs gardiens et pour la garnison ; les colons n'ont que faire sur ce sol ingrat, parcimonieusement mesuré. Le commerce le plus important y est sans conteste la contrebande d'armes et de munitions de guerre. Nul n'a foi dans l'avenir de Melilla. L'Espagne tient à ce rocher pour tant de sang qu'elle y a versé, pour les souvenirs héroïques qui s'y rattachent. Ce n'est qu'une hampe glorieuse, où l'amour-propre national l'oblige à maintenir son drapeau. Il faut voir des dernières pentes du massif de Guelaïa tous ces minuscules fortins, d'une architecture archaïque, ces jardins aux arbres grêles trop bien ordonnancés, ce village aligné à l'équerre, ces soldats de toutes armes évoluant sur leur terrain de manœuvres exigu, et l'enceinte de Melilla dominant la campagne et braquant sur le Riff ses canons impuissants. Tout cela, vu de haut et de loin, prend je ne sais quelle apparence puérile et fait involontairement songer à quelque jouet sorti des ateliers de Nuremberg. »

Les possessions espagnoles sont complétées par quelques îlots peu éloignés du rivage, les deux premiers entre Ceuta et Melilla, les autres plus à l'est, dans le voisinage de l'Algérie. Le Pénon de Velez de la Gomara est un rocher à moins de cent mètres du continent, dans la baie de Badès. Alhucémas, plus à l'est, a une population de 320 habitants dont cent hommes de garnison et une soixantaine de forçats (1). Enfin le petit groupe des Zaffarines ou Djafarines, qui tire son nom de la tribu voisine des Beni-Djafar, est situé presque en face de l'embouchure de la Mlouia et forme une rade assez abritée; il a une garnison de 75 hommes et un bagne qui renferme 80 condamnés (2). Ces îlots sont de simples rochers sans terrain de culture et sans aucune source; les habitants sont obligés de recueillir l'eau de pluie dans des citernes et souvent de la faire venir du dehors avec leurs approvisionnements de toute sorte. « On m'a conté, dit M. de Ségonzac (3), qu'à certains jours de détresse, la garnison mettait son pavillon en berne, pour demander de l'eau douce aux navires qui passent. » Ces présides insulaires aussi bien que les présides du continent doivent tout attendre de l'Espagne; vivant dans un état d'hostilités perpétuelles avec les populations du voisinage, elles sont pour leurs habitants de véritables prisons, dont il est défendu de sortir : pour se rendre de Ceuta à la ville voisine de Tétouan, la seule voie autorisée est la voie de mer. Ce sont des forteresses continuellement assiégées. L'histoire fait mention d'un siège de Ceuta qui ne dura pas moins de vingt-six années (4). Il serait plus exact de dire que, depuis que les Espagnols ont pris

(1) De Lamartinière et Lacroix. — *Documents pour servir à l'étude du nord-ouest africain*, t. I, p. 403.

(2) A la liste de leurs établissements au Maroc, les Espagnols ajoutent Santa-Cruz de Mar Pequeña, au sud de l'Atlas. Ce point leur a été reconnu par d'anciens traités; mais comme il n'a pas été possible d'établir à quel endroit de la côte saharienne s'applique ce nom, ils n'en ont jamais pris possession.

(3). Page 58.

(4) Reclus. — *Nouvelle Géographie Universelle*, t. XI, p. 709.

pied sur le sol marocain, ils n'ont pas cessé d'être obligés de se défendre derrière leurs murailles. Rien n'a changé depuis quatre cents ans, et aujourd'hui encore la garnison de Melilla reçoit souvent des balles sur sa place d'exercice.

Telle est, fidèlement retracée, la situation des Espagnols au Maroc. Malgré ce qu'elle présente d'humiliant pour leur amour-propre, il s'est formé chez eux un courant d'opinion qui considère l'empire des Chérifs comme une proie réservée aux descendants de ceux qui ont su chasser les Maures de la péninsule hibérique. Un auteur espagnol, M. Santiago Alonzo Valdespino, écrivait en 1859 : « L'Espagne (c'est un devoir que personne ne pourra lui contester) doit seule en finir avec l'empire du Maroc et faire pénétrer la civilisation moderne dans cette région privilégiée de l'ancien monde... Pour le peuple espagnol, il serait plus dégradant de ne pouvoir réaliser la civilisation du Maroc, qu'il est humiliant de supporter une garnison étrangère à Gibraltar (1). » Cette idée, à laquelle un homme d'Etat, bien connu, M. Canovas del Castillo (2), a donné l'appui de son autorité, a été souvent répétée au sud des Pyrénées ; elle a fini par s'imposer au public au point de devenir une sorte de tradition nationale, qui trouve de nombreux échos au dehors. On entend fréquemment parler des « droits historiques de l'Espagne au Maroc » ; mais si l'on a la curiosité de demander en quoi ils consistent et sur quoi ils reposent, il est impossible d'ob-

(1) *La question du Maroc (ce qu'elle a été, est et sera) examinée au point de vue espagnol et européen*, traduit par Charles Lamartinière.

(2) Apuntas para la *Historia del Marruecos*, Madrid 1860.

tenir une réponse précise. En allant au fond des choses, on est obligé de reconnaître qu'il n'y a là qu'une formule sonore, propre à flatter l'orgueil castillan, mais qui ne recouvre que des chimères et des rêves irréalisables. La conquête du Maroc, que beaucoup d'Espagnols considèrent comme un devoir national, est en effet, si on examine la question de sang-froid, une entreprise au-dessus de leurs forces. En quatre siècles d'une guerre soutenue sans interruption sinon avec le gouvernement de ce pays, du moins avec ses habitants, l'Espagne n'a jamais pu aller plus loin que Tétouan, à quelques kilomètres de Ceuta, et elle a dû rétrograder presque aussitôt et rentrer derrière ses remparts. Plusieurs fois elle a obtenu des indemnités pécuniaires, mais elle n'a jamais pu avoir raison des montagnards du Riff et tous les jours ses soldats sont exposés à l'injure de leur fusillade. Ce que pendant quatre cents ans l'Espagne a été impuissante à accomplir, serait-elle subitement devenue capable de le tenter au commencement du XXe siècle, et au lendemain d'une guerre désastreuse avec les États-Unis, qui l'oblige à se préoccuper tout d'abord de reconstituer son armée et sa marine ? Ce serait se bercer de singulières illusions que de le croire. L'histoire du dernier siècle montre ce qu'a coûté la conquête de l'Algérie. Quarante années d'une guerre meurtrière, qui a exigé à certains moments une armée de 100.000 hommes, et une dépense de 4 à 5 milliards, tel est le prix que la France a payé sa colonie. Pour conquérir le Maroc, qui est deux fois plus peuplé que l'Algérie, et dont le territoire est en grande partie couvert de hautes montagnes se prêtant admirablement à la défense, il faudrait peut-être mettre en ligne 200.000 hommes et à coup sûr engager une dépense de plusieurs milliards. Il est permis, sans rabaisser en quoi que ce soit l'Espagne, de constater que ce pays ne possède ni la force militaire ni la puissance financière nécessaires pour conduire à bonne fin une entreprise pareille. Cette vérité a fini par frapper par son évidence les publicistes sérieux et les hommes d'Etat au sud des Pyrénées. Aussi n'entrevoient-ils pour leur pays le moyen de sortir d'une manière honorable de l'imbroglio marocain que par une entente avec la France.

M. Silvela, qui depuis a été ministre des Affaires Étrangères, a publié en 1901, dans la « Lectura » de Madrid, un article dans lequel il propose nettement à la France de s'emparer du Maroc de compte à demi avec l'Espagne, et de partager ensuite à l'amiable le territoire conquis. La même proposition a été développée un peu plus tard par M. Julian Ribera dans la « Revista de Aragone (1) ». On voit très bien l'avantage que ce plan présenterait pour l'Espagne, à qui un allié puissant donnerait une partie de ce qui fait l'objet de ses convoitises séculaires; mais on aperçoit moins clairement quel concours efficace la France tirerait de l'Espagne, qui, pour le moment, n'a ni troupes ni capitaux disponibles. Il n'est d'ailleurs pas encore temps de discuter ce projet, qui repose sur un partage du Maroc; nous le retrouverons plus loin, et nous montrerons que cette solution est foncièrement mauvaise et radicalement inacceptable. Pour le moment, nous nous bornerons à rete-

(1) Ces deux articles ont été reproduits par le *Bulletin du Comité de l'Afrique française* de septembre 1901 et mars 1902

nir ce fait que les hommes sérieux en Espagne commencent à se faire une idée exacte de la situation du Maroc, et à comprendre que la conquête de ce vaste pays par leurs seules troupes est une chimère trop longtemps caressée, à laquelle il est préférable de renoncer, et qu'il faut se résigner à remplacer par quelque chose de réalisable.

M. Silvela, dans son article de la « Lectura », compare très justement la situation des possessions espagnoles au Maroc à « celle d'un propriétaire dont les terrains n'obtiennent pas de lumière, d'air, ni de communications sur tout un côté de leurs confins ». Les Présides, en effet, bloquées du côté de la terre par l'hostilité des populations indigènes, ne peuvent communiquer librement qu'avec la mer, et sont grevées d'une servitude, qui, économiquement, les frappe de stérilité. L'intérêt pressant de l'Espagne, et un intérêt que personne ne lui contestera, est donc de mettre fin à cette situation fâcheuse. Elle n'obtiendra satisfaction que par la pacification des territoires qui avoisinent ses établissements, et par suite son intérêt politique se confond avec un intérêt économique commun à toutes les puissances engagées au Maroc. C'est vers ce but que devrait tendre tout l'effort de sa diplomatie, et les vrais amis du peuple espagnol, au lieu de l'encourager à poursuivre éternellement l'utopie d'une conquête impossible, devraient l'engager à voir uniquement dans le Maroc un pays riche, où son commerce est appelé à prendre une part importante.

VIII

LES INTÉRÊTS ANGLAIS

Le commerce anglais a de bonne heure joué un rôle important au Maroc. Il l'emporte sur celui de toutes les autres nations, si l'on ne considère que le commerce maritime ; au total les transactions anglaises dans ce pays atteignent le chiffre de 29 millions et demi, dont 19.500.000 fr. pour l'importation et 9.800.000 fr. pour l'exportation. L'article qui représente presque la totalité des produits anglais importés, ce sont les cotonnades de Manchester, très appréciées de tous les indigènes de l'Afrique du Nord. Au second rang vient le thé, qui fait aussi l'objet d'importantes transactions entre l'Angleterre et le Maroc, où il est la boisson la plus répandue et tient dans la vie sociale la place que le café occupe dans tout l'Orient et dans le reste de l'Afrique du Nord. Une des raisons de la grande situation que l'Angleterre a prise dans l'ensemble du commerce marocain est le voisinage de sa colonie de Gibraltar. Cette forteresse, dépourvue de territoire, est dans la nécessité de faire venir du dehors tous ses approvisionnements : elle en tire une grande partie de Tanger, qu'un étroit bras de mer sépare d'elle. C'est de là que vient presque toute la viande sur pied consommée par sa garnison.

Les négociants anglais établis au Maroc ont à leur service trois compagnies de navigation sous pavillon britannique, qui lui permettent de communiquer avec Londres, Liverpool et Gibraltar. Des bureaux de postes anglais fonctionnent dans huit localités (1), et un câble anglais unit Tanger au réseau télégraphique d'Europe. Enfin deux hôpitaux anglais, un pour hommes et un pour femmes, existent dans cette ville et une mission protestante y a créé des écoles.

Mais les intérêts commerciaux que l'Angleterre s'est créés au Maroc, si respectables soient-ils, sont peu de chose à côté des intérêts politiques qu'elle possède dans ce pays, du fait de son occupation de Gibraltar, sur la côte espagnole du détroit qui le sépare de l'Europe. A l'entrée de la Méditerranée, du côté de l'Atlantique, se dressent deux pyramides de rochers, séparées par une distance de vingt-un kilomètres seulement (2), que les anciens appelaient les Colonnes d'Hercule, et qui sont la véritable porte de cette mer intérieure, redevenue au cours du XIXe siècle ce qu'elle était durant l'antiquité, le centre de l'ancien continent et la grande route de l'Orient. Ces deux énormes piliers, entre lesquels passent chaque jour 200 navires de tous les pavillons, servent de piédestaux sur la rive espagnole à la forteresse anglaise de Gibraltar, et sur la rive africaine à la forteresse espagnole de Ceuta. Gibraltar est un des anneaux principaux de cette chaîne de places

(1) Tétouan, Fez, Larache, Rabat, Casablanca, Mazagan, Saffi et Mogador. (COUSIN, *Tanger*, p. 90).

(2) Un peu plus à l'ouest, le détroit n'a que 14 kilomètres. (PINON, « Deux forteresses de la plus grande Bretagne », dans la *Revue des Deux-Mondes*, 15 juin 1903).

fortes maritimes que les Anglais, avec une persévérance admirable, ont su tendre, en deux siècles d'efforts, entre l'Europe et l'Extrême-Orient, pour fournir en tout temps à leurs navires des ports d'abri, de ravitaillements et de réparations. Complété par Malte, Chypre et l'Egypte, Gibraltar permet à l'Angleterre de tenir la Méditerranée à son centre et à ses extrémités. En deux siècles d'occupation, cette puissance y a dépensé des sommes incalculables pour l'armer formidablement, y entasser du charbon, des armes et des munitions de guerre et y entretenir une garnison de 10.000 hommes toujours prêts à défendre la place ou à s'embarquer pour n'importe quelle destination. Cela n'a pas satisfait le gouvernement britannique : il n'a pas hésité, il y a quelques années, à engager encore une dépense de plus de 100 millions pour y construire un port abrité et des bassins de radoub, qui devront être terminés en 1904 ou 1905. Un semblable effort dit assez quelle importance capitale l'Angleterre attache à la possession de ce point stratégique. Aussi n'est-il pas surprenant qu'elle surveille d'un œil jaloux la côte africaine qui lui fait face. La magnifique rade de Tanger, située à l'entrée du détroit du côté de l'Atlantique et l'îlot rocheux de Pérégil entre cette ville et Ceuta, sont deux positions maritimes dont une nation européenne pourrait faire des forteresses capables de neutraliser la puissance de Gibraltar et de lui faire perdre une grande partie de sa valeur. C'est pour cette raison, parfaitement légitime, que la politique anglaise au Maroc a toujours tendu à écarter toutes les nations rivales. La logique de la situation commandait cette conduite à la Grande-Bretagne. Mais l'autoriserait-elle à aller plus loin, et, comme le conseille une partie de la presse britannique, à chercher à mettre elle-même la main sur Tanger, de manière à occuper les deux rives du détroit. Une telle ambition serait peut-être légitime si elle ne heurtait les intérêts de personne. Or, il suffit d'un moment de réflexion pour comprendre que toutes les puissances méditerranéennes se trouveraient gravement lésées par un événement qui mettrait l'Angleterre en situation de fermer complètement à sa volonté l'un des passages maritimes les plus fréquentés du globe. La France ne pourrait pas le tolérer, et si ardent que soit son désir de vivre en paix, elle serait obligée de s'y opposer, même au prix d'une guerre. Il n'est pas douteux que la Russie lui donnerait son concours le plus actif. L'Espagne, l'Italie et l'Autriche, sans parler de la Grèce et de la Turquie, ne pourraient faire autrement que de soutenir ces deux puissances, tout au moins de leurs vœux platoniques. Même l'Allemagne et les Etats-Unis, qui n'ont pas à la vérité d'intérêts politiques directs engagés dans la Méditerranée, ne pourraient pas, à cause de leur commerce tous les jours grandissant, envisager d'un œil favorable l'éventualité d'une extension au sud du détroit de la colonie britannique de Gibraltar.

L'Angleterre, si elle nourrissait de semblables visées, rencontrerait donc l'hostilité unanime de toutes les grandes puissances. Il ne paraît pas qu'il y ait là pour elle une question d'une importance assez capitale pour l'engager à passer outre et à aller de l'avant, quoi qu'il puisse advenir. Le plus sage sera donc pour elle de se borner à réclamer au point de vue militaire le maintien du *statu quo* dans le détroit.

Sur ce terrain l'entente sera facile. Toutes les nations admettront aisément que l'Angleterre ne veuille pas renoncer aux bénéfices que peuvent lui procurer ses travaux de deux siècles. La France elle-même sent bien l'impossibilité d'aller à l'encontre du fait accompli, et il lui serait difficile d'avoir dans le détroit de Gibraltar une autre politique que celle du *statu quo* militaire. Ne réclame-t-elle pas en effet partout, et notamment à l'autre extrémité de la Méditerranée, dans le canal de Suez, la liberté des détroits, la libre circulation en tout temps pour tous les pavillons ? Elle serait mal venue à paraître vouloir y mettre une entrave, en construisant, si elle en avait la possibilité, une citadelle maritime à Tanger. Bizerte lui suffit pour asseoir sa puissance sur la rive méridionale de la Méditerranée.

Bien que l'Angleterre n'ait pas, on vient de le voir, d'autre intérêt politique réel au Maroc que celui d'empêcher la transformation de Tanger en une place forte menaçant Gibraltar, ses agents diplomatiques n'en ont pas moins déployé dans ce pays, depuis le milieu du XIXe siècle, une remarquable activité. Grâce à leur connaissance approfondie du milieu dans lequel ils opéraient, grâce à leur sollicitude toujours éveillée en faveur des intérêts de leurs nationaux, grâce à leur persévérance, ils ont réussi à faire une impression favorable sur l'esprit du gouvernement chérifien, et à placer leur pays au premier rang parmi les nations qui se disputent l'influence auprès du Sultan. « Pendant un demi-siècle, dit le capitaine Frisch (1), l'Angleterre a été la conseillère intime du Sultan. C'est en lui inspirant la confiance,

(1) *Le Maroc*, p. 285.

en lui faisant désirer sa puissante amitié et en mettant à sa disposition son expérience européenne, qu'elle avait réussi à se rendre prépondérante au Maroc. Ce programme fut rempli avec la plus grande habileté par sir John Drumond-Hay, qui, pendant plus de trente ans, occupa le poste de ministre d'Angleterre à Tanger, ayant lui-même succédé à son père, déjà en fonction en 1845, lors du bombardement de cette ville par le prince de Joinville. Au cours de sa longue carrière au Maroc, Sir John Hay eut affaire à trois Sultans, sans que sa ligne de conduite ait perdu de sa fixité première. On devine aisément les avantages qui en ont été retirés par les intérêts anglais et les facilités que les sujets de la reine rencontraient pour la réussite de leurs opérations. Sa politique était très simple : flatter les manies parfois un peu enfantines du Sultan, et l'aider dans sa résistance aux autres puissances et à la civilisation. Sachant fort bien parler l'arabe, il était devenu le confident de Sidi Mohammed, le père de Mouley Hassan. »

Cette ligne de conduite a été fidèlement suivie par ses successeurs. Possédant une expérience des hommes et des choses du Maroc moins étendue que celle des deux Drumond-Hay, et par suite jouissant d'une autorité personnelle moins grande auprès du Sultan, ils ont su utiliser deux hommes, qui, dépourvus de tout caractère officiel, ont réussi à devenir un moment les véritables inspirateurs de la politique marocaine. Le premier est un ancien sous-officier de l'armée anglaise, nommé Mac Lean, qui, à ce que nous apprend M. Robert de Caix (1), déserta, il y a

(1) « Choses du Maroc ». (*Bulletin du Comité de l'Afrique française*, octobre, 1902.)

une trentaine d'années, de son régiment en garnison à Gibraltar, et se réfugia à Fez, où le Sultan le prit à ses gages comme instructeur de ses troupes. Adroit, insinuant, il ne tarda pas à capter la faveur des principaux personnages de la cour chérifienne et du souverain lui-même, et se fit avec le temps une place à part, à côté des ministres dont il devint le conseiller presque toujours écouté. Il mit au service de la diplomatie de son pays l'influence qu'il avait acquise, et sut faire oublier ses erreurs de jeunesse. Devenu caïd marocain, il a été créé il y a quelques années baronnet par la Reine, et a ajouté ainsi un titre envié de tous ses compatriotes à la grande fortune qu'il avait amassée au Maroc. Lorsque le Sultan Mouley Abd-el-Aziz, qui, à peine âgé de 16 ans, venait de succéder à son père, prit en main le gouvernement effectif de son pays après la mort du grand vizir Ba-Ahmed, depuis longtemps au pouvoir, le caïd Mac-Lean, déjà une autorité à la cour, devint son favori et son confident. Le jeune souverain, élevé par une mère circassienne, et porté au pouvoir par une intrigue de palais, contrairement aux usages musulmans et au détriment de son frère aîné, l'héritier légitime, était assez détaché de la plupart des préjugés universellement répandus dans la société marocaine. Sir Mac Lean sut flatter ses goûts pour les nouveautés et les inventions européennes, se fit son fournisseur de bicyclettes, d'automobiles et d'appareils photographiques, et profita de l'occasion pour peupler le palais d'une foule d'employés européens de toutes les spécialités, qui furent presque uniquement des Anglais. Il introduisit auprès du Sultan un de ses compatriotes, fixé depuis longtemps au Maroc,

M. Harris, correspondant du « Times », qui prit tout de suite, lui aussi, une grande influence sur l'esprit d'Abd-el-Aziz, et parvint à lui suggérer tout un plan de réformes politiques.

Il ne s'agissait de rien moins que d'instituer une administration régulière, imitée de celle qui fonctionne dans tous les Etats d'Europe, et par ce moyen de mettre fin aux abus dont la population se plaint depuis des siècles, et en même temps d'accroître les revenus publics. Dans ce but, les fonctionnaires de tous ordres reçurent des appointements fixes; ils furent invités à prêter serment dans les formes les plus solennelles de ne plus accepter de cadeaux et de ne recevoir autre chose que l'impôt légal, établi désormais sur de nouvelles bases (1); enfin la perception fut retirée aux caïds et confiée à des agents spéciaux, les « oumana » (2). C'était toute une révolution, inspirée par les motifs les plus louables, justifiée à coup sûr par les exactions sans nombre qui se commettent journellement dans tout l'empire, mais qui avait le tort de survenir trop brusquement et sans préparation suffisante. Ce n'est pas impunément, en

(1) L' « achour » et le « zekkat » qui sont les deux impôts sanctionnés par la tradition religieuse, étaient abolis et remplacés par une nouvelle taxe appelée « terbib ». (*Bulletin du Comité de l'Afrique Française*, décembre 1902).

(2) Certains publicistes anglais voudraient faire supporter par la France la responsabilité de l'échec de la réforme financière, sous le prétexte qu'elle s'est opposée à ce que l'impôt fût réclamé à ses protégés. Pour rétablir l'ordre dans les finances, il aurait fallu commencer par empêcher les prévarications des agents de perception et le gaspillage éhonté des recettes. Ce n'est pas l'adjonction de quelques contribuables nouveaux qui aurait compensé ces causes permanentes de déficit.

quelque pays que ce soit, que l'on s'attaque aux abus. Dans les Etats musulmans en particulier, où ils ont d'innombrables complices, même parmi ceux qui en sont le plus souvent les victimes, ils sont plus difficiles à déraciner que partout ailleurs. La tentative réformatrice du jeune Sultan souleva parmi ses sujets une opposition presque unanime. Les fonctionnaires n'obéirent que de mauvaise grâce et s'arrangèrent de manière à rendre les méthodes nouvelles aussi désagréables que possible au public. Tous ceux qui avaient l'habitude d'acheter la bienveillance des représentants du pouvoir, comptant davantage sur la puissance de l'argent que sur la justice de leurs réclamations, se répandirent en murmures. Les Aoulama de Fez, qui ont le droit d'adresser des représentations au souverain, protestèrent au nom de la tradition religieuse. Avec eux le parti conservateur, ou ce qu'on peut appeler ainsi pour s'en tenir à nos habitudes de langage, c'est-à-dire la presque unanimité des habitants des villes, commença à s'agiter. En même temps, une insurrection formidable éclatait. Parti des environs de Taza, un prétendant, inconnu la veille, Bou-Ahmara (l'homme à la mule), conduisit un moment ses troupes victorieuses jusque sous les murs de Fez. Abd-el-Aziz, abandonné de tous, dut commencer, pour sauver son pouvoir, par renoncer à son projet de réformes, et, obéissant à la voix de l'opinion publique, il fut obligé de congédier son entourage étranger. Tout le « blad-el-makhzen » est soulevé. L'obéissance au Sultan ne subsiste plus que dans les villes; l'armée chérifienne, battue dans plusieurs rencontres, a réussi cependant à reprendre Taza, mais pour l'abandonner quelque temps après. Ces troupes sans organisation et sans discipline sont désormais le seul espoir du souverain. Opposées à des tribus sans cohésion, et toujours prêtes à changer de parti suivant leur intérêt du moment, elles réussiront peut-être, avec l'aide de l'habile diplomatie du makhzen, à contenir l'insurrection et à rétablir l'autorité du Sultan telle qu'elle existait avant les derniers événements. Mais, quoi qu'il arrive, la tentative de réforme administrative d'Abd-el-Aziz a définitivement sombré dans la tourmente.

L'Angleterre, profitant du crédit que ses agents officieux avaient su acquérir sur l'esprit du Sultan, et exploitant habilement l'impression fâcheuse qu'avait produite sur le makhzen l'occupation du Touat par nos troupes, a espéré un moment pouvoir exercer sur le Maroc un véritable protectorat occulte. Ce plan a échoué, et cet échec inévitable montre que ceux qui l'avaient conçu ne connaissaient pas l'histoire des Etats musulmans. En effet, des tentatives analogues ont été faites ailleurs ; toutes ont eu le même sort. Sans aller chercher des exemples en Turquie et en Egypte, je rappellerai seulement la Constitution tunisienne, suggérée au Bey Mohamed par notre consul Léon Roches ; elle périt également dans une insurrection qui mit en péril le gouvernement beylical. Plus tard, cet homme de génie, qui fut le ministre Kheireddine, réussit à réformer de nouveau l'administration de la Régence et à l'organiser avec ordre et méthode; mais quand le réformateur, supplanté dans la faveur du souverain, dut, en 1874, abandonner le pouvoir, son œuvre disparut avec lui. Il ne pouvait en être autrement au Maroc. Pour créer une organisation durable, il faut s'appuyer sur quelque chose de plus solide que l'amitié toujours chancelante d'un souverain; il faut en outre que ce souverain dispose d'une force matérielle indiscutée, capable de briser les résistances que toute innovation doit fatalement provoquer. Ces deux conditions de succès faisaient également défaut dans la tentative officieuse de l'Angleterre au Maroc; elle courait donc au-devant d'un échec certain.

Les événements qui viennent de se dérouler sous nos yeux montreront sans doute au gouvernement britannique que la méthode qu'il a suivie jusqu'ici ne peut conduire à aucun résultat positif. S'il veut mettre la main sur le Maroc, il faut qu'il renonce aux voies détournées, et qu'il se lance résolument dans la conquête de ce pays, quelques sacrifices d'hommes et d'argent que cette nouvelle politique doive lui coûter; mais qu'il se prépare à trouver devant lui la France, résolue à lui barrer la route à n'importe quel prix. Si, au contraire, comme la raison l'y pousse, il reconnaît qu'il n'a pas au Maroc d'autres intérêts à ménager que ceux de son commerce, et d'autre préoccupation à nourrir que la sécurité de Gibraltar, il lui sera facile de conclure avec la France une entente profitable non seulement aux deux nations, mais encore à la civilisation générale du monde.

IX

LES INTÉRÊTS FRANÇAIS

Lorsqu'on parle du commerce du Maroc, on a pris l'habitude de puiser uniquement les renseignements sur lesquels on s'appuie dans les rapports consulaires. Cette méthode a le grave inconvénient de ne donner que des résultats incomplets et, partant, inexacts, puisqu'elle ne tient compte que du commerce maritime d'un pays qui a des relations terrestres avec deux de ses voisins, l'Espagne par les Présides, et la France par l'Algérie. Ses conséquences sont d'autant plus fâcheuses qu'elles ont accrédité dans le public cette idée fausse que la nation qui entretient avec l'Empire chérifien les transactions commerciales les plus importantes est l'Angleterre, ce qui n'est vrai que si l'on fait abstraction, et il n'y a aucune raison pour agir ainsi, du commerce terrestre. Si l'on considère au contraire l'ensemble du commerce extérieur, M. Etienne a démontré récemment que c'est la France qui occupe la première place. C'est là un fait qu'on ne saurait trop mettre en lumière, car à lui seul il suffit pour nous donner le droit incontestable d'élever la voix, chaque fois que la question marocaine est soulevée, et de ne pas permettre qu'elle soit résolue contrairement à nos intérêts.

Le Maroc constitue pour nous un marché de 41 millions, dont 25 pour la Métropole et 16 pour l'Algérie (1). Son importance ne peut que croître lorsque le pays sera pacifié et organisé ; nous avons pour cela sur les autres peuples un avantage qu'ils ne pourront pas nous ravir, le voisinage immédiat de notre colonie algérienne. Tout le versant oriental de l'Atlas et une grande partie de ce massif sont tributaires de l'Algérie qui y possède un marché réservé à

(1) « La question marocaine », conférence de M. Etienne (*Quinzaine Coloniale* du 25 juin 1903). Il faudrait encore ajouter à ce chiffre les importations françaises par Melilla.

son activité de plusieurs millions de consommateurs. Elle devrait entretenir également des relations suivies avec le versant occidental, par la voie de Taza, aussi précieuse au point de vue commercial qu'au point de vue stratégique. La prolongation jusqu'à Figuig du chemin de fer du sud oranais, l'organisation par la douane d'un service de transit, et la création toute récente du marché de Port-Say, à l'embouchure de l'oued Kiss, où arrivent par terre les céréales marocaines, dont l'exportation par mer est presque toujours interdite, sont autant de moyens d'accroître rapidement, et dans de fortes proportions, les transactions entre l'Algérie et le Maroc. Ces trois faits économiques montrent que notre colonie commence à ouvrir les yeux sur les avantages de sa situation par rapport au Maroc, et qu'elle se prépare enfin à en tirer parti. Tous les efforts qu'elle fera pour atteindre ce but, auront pour résultat de renforcer notre situation politique dans l'empire chérifien.

Trois compagnies maritimes, la Cie Paquet, la Cie de Navigation mixte et une compagnie Oranaise, relient Marseille et Oran à Tanger et aux ports ouverts du littoral marocain de la Méditerranée et de l'Océan. Le commerce a également à sa disposition un câble télégraphique français, qui permet à Tanger de communiquer avec l'Algérie et la France, et des bureaux de poste français établis dans quatorze localités (1). Il existe à Tanger un hôpital français, où les sujets marocains sont admis, et un dispensaire où deux médecins français donnent gra-

(1) Tanger, Tétouan, El-Ksar, Fez, Arzila, Larache, Salé, Rbat, Casablanca, Mazagan, Marrakeuch, Safi et Mogador.

tuitement des consultations et des médicaments. Il faut mentionner aussi dans la même ville une école franco-arabe, dirigée par un instituteur algérien qui réunit 60 élèves indigènes. Enfin il serait injuste de passer sous silence les 14 écoles de l'Alliance israélite (1), qui pour n'être pas des œuvres absolument françaises, n'en rendent pas moins les plus grands services à la cause de notre pays. Les 2.414 élèves, dont 1.424 garçons et 889 filles (2), reçoivent en français un enseignement qui leur est donné par un personnel d'élite, préparé à Paris, à l'Ecole Normale israélite d'Auteuil. « Cela suffit, dit le correspondant du *Journal des Débats* que nous avons déjà cité (3), pour faire de ces écoles de véritables écoles françaises... Ce sont notre langue et nos idées que les jeunes israélites du Maroc acquièrent de préférence dans les écoles de l'Alliance. Grâce à elles, le français se répand déjà d'une façon fort appréciable dans tous les ports de la côte, et même peu à peu à l'intérieur ; sous l'influence des anciens élèves de l'Alliance établis comme négociants, la correspondance commerciale tend de plus en plus dans tout le Maroc à se faire en français. Si bien que, toutes proportions gardées, l'Alliance israélite paraît en voie de nous rendre au Maghreb, à défaut d'écoles catholiques, qui sont espagnoles, et d'écoles franco-arabes, dont l'œuvre débute à peine, des services analogues à ceux que nous devons en Orient aux missions catholiques. »

(1) Elles sont établies à Casablanca, Fez, Larache, Marrakeuch, Mogador, Tanger et Tétouan.

(2) *Bulletin de l'Alliance Israélite Universelle*, deuxième série, nº 27 ; année 1902.

(3) 3 juin 1903.

Ce bref résumé montre que les intérêts matériels et moraux de diverses natures engagés par la France au Maroc ne le cèdent à ceux d'aucune autre nation. Si l'on considère maintenant les intérêts politiques que nous y crée le voisinage de nos deux colonies d'Algérie et de Tunisie, on constatera qu'ils sont pour nous d'une importance tellement primordiale qu'aucune puissance ne peut songer à en invoquer de semblables.

Depuis le jour où, il y aura bientôt trois quarts de siècle, la France a débarqué ses premières troupes sur la côte du nord de l'Afrique, elle a réussi à constituer en face de son littoral de Provence, sur l'autre rive de la Méditerranée, une colonie, qui, à force de sacrifices, est devenue prospère. Elle n'a pas marchandé la vie de ses soldats pendant les quarante années de guerre qu'a nécessitées la conquête ; elle n'a pas reculé devant une dépense qui atteint cinq milliards, pour s'assurer la possession définitive de ce pays. Aujourd'hui près d'un demi-million de nos compatriotes et 300.000 étrangers attirés par notre domination se sont fixés sans esprit de retour sur cette terre devenue pour eux une nouvelle France ; beaucoup d'entre eux y ont vu le jour ; tous y sont attachés par des liens qu'on ne pourrait briser sans réduire au désespoir cette population qui ne tardera pas à atteindre un million de personnes. Aussi peut-on dire sans aucune exagération que l'Algérie, accrue de la Tunisie, est devenue pour la mère-patrie une véritable province d'outre-mer, qui lui est aussi chère que les diverses parties de son territoire d'Europe, et dont la perte serait presque aussi douloureuse pour elle que l'a été, il y a 32 ans, celle de l'Alsace-Lorraine. Or, la constitution topographique de l'Algérie est telle, la similitude de ses habitants indigènes avec ceux des pays qui l'entourent est si complète, que tolérer dans son voisinage immédiat l'établissement d'une autre puissance européenne, serait faire courir le plus grand danger à la colonie française.

Cette vérité apparut nettement en 1881 au grand homme d'Etat qui présidait au gouvernement de la France. En présence des visées ouvertement proclamées de l'Italie sur la Tunisie, Jules Ferry sentit l'imminence du danger. Il comprit qu'il ne pouvait, sans livrer à l'ennemi les clés de notre colonie, permettre à une armée étrangère de prendre pied sur l'étroite bande de terrain qui sépare l'Algérie du golfe de Gabès, et de s'établir à Kairouan et dans la vallée de l'oued Zeroud, grande route des invasions arabes, qui conduit directement et sans obstacles de la mer à la trouée de Tebessa. Aussi, pour devancer nos rivaux, et au risque d'en faire pour un temps les alliés de l'Allemagne, n'hésita-t-il pas à donner à nos troupes l'ordre d'occuper la Régence de Tunis : c'était le seul moyen de couvrir l'Algérie contre une attaque sur son flanc oriental. A l'ouest, la situation est identique, car la vallée du Sbou conduit aussi directement, par la trouée de Taza, de l'Atlantique dans la province d'Oran, que la vallée de l'oued Zeroud de la Méditerranée dans celle de Constantine. Topographiquement, nous l'avons dit, l'Afrique du Nord est une : elle ne peut pas avoir d'autres frontières naturelles que la mer qui vient battre ses côtes sur trois des côtés du rectangle. Mais le danger qui résulterait pour l'Algérie de l'occupation du Maroc par une armée ennemie serait pire que celui que lui ferait courir la même armée établie en Tunisie. En effet, le Maroc ne possède pas seulement la trouée de Taza, chemin toujours ouvert à un envahisseur venu du couchant ; il n'est pas comme la Tunisie un terrain presque plat, simplement mamelonné de collines de faible altitude : on y trouve la grande chaîne de l'Atlas, véritables Alpes africaines, qui dominent de leurs hauteurs neigeuses les basses plaines et les plateaux peu élevés de l'Algérie, et joueraient dans une guerre un rôle stratégique capital. Une autre considération, tirée celle-là de l'état social et religieux des populations de l'Afrique du nord, conduit à la même conclusion. Le Sultan de Fez a la prétention, justifiée aux yeux de beaucoup de musulmans, même parmi nos sujets algériens, sahariens et soudanais, d'être le Grand Imam institué par Mahomet, c'est-à-dire l'unique chef légitime, tant religieux que politique, de l'Islam. A ce titre il jouit seul du droit de proclamer la « guerre sainte (1) », c'est-à-dire d'appeler

(1) Cette prérogative ne lui est disputée que par le Sultan de Constantinople. La plupart des agitateurs, qui ont provoqué des rébellions en Algérie, ont usé de ce moyen commode pour surexciter le fanatisme des indigènes ; mais ils n'ont réussi partiellement que grâce à la profonde ignorance des populations. Tous les musulmans instruits ne voyaient dans cette prétention qu'une imposture et une usurpation presque sacrilège de pouvoirs religieux. Il ne faut pas oublier qu'en fait l'Algérie n'a connu, même en 1871, que des soulèvements partiels et jamais d'insurrection générale : ceux qui les provoquaient au nom de la religion manquaient de qualité. Abd-el-Kader, qui se disait d'origine chérifienne, avait pris le titre d' « Emir-el-Moumenin » (Commandeur des Croyants), qui lui donnait le droit de proclamer la guerre sainte. Mais cette qualité lui était contestée par de nombreux musulmans, aussi rencontra-t-il parmi ses coreligionnaires une forte opposition, qui nous permit de ruiner son pouvoir.

aux armes tous les vrais croyants, et de les lancer, avec la certitude que la mort leur ouvrira les portes du paradis, sur l'ennemi infidèle. La nation européenne qui aurait conquis le Maroc, et qui se ferait obéir du souverain en possession d'une telle prérogative, n'aurait qu'un mot à dire pour soulever dans notre empire africain la plus effroyable des insurrections et peut-être pour provoquer le massacre de milliers de paisibles colons. Plus encore que la Tunisie, le Maroc abandonné à une puissance étrangère mettrait l'Algérie dans sa main. Jules Ferry n'a pas craint d'exposer son pays à une guerre avec l'Italie pour mettre la Tunisie à l'abri des convoitises de cette nation, et l'avenir a pleinement justifié sa conduite : même ses adversaires les plus violents de 1881 glorifient aujourd'hui son œuvre. A bien plus forte raison devons-nous considérer comme un devoir national de sauvegarder le Maroc, et proclamer hautement, à la face du monde, que nous ne permettrons à aucune puissance d'y établir sa prépondérance, sous quelque forme que ce soit, et quoi qu'il puisse nous en coûter pour obtenir ce résultat.

Depuis que dans la presse française et algérienne on discute la question du Maroc, trois solutions différentes ont été successivement proposées. Nous allons les examiner tour à tour et montrer qu'elles sont également inacceptables.

La première est ce qu'on pourrait appeler la solution anodine. Elle émane des hommes qui ont eu à s'occuper, depuis notre établissement en Algérie, des relations de cette colonie avec le Maroc. Les limites occidentales de l'Algérie ont été fixées par le traité franco-marocain de 1845, qui fut signé après la victoire d'Isly remportée par nos troupes sur celles du Sultan. Cette campagne avait eu pour but de forcer S. M. Chérifienne à retirer son appui à notre ennemi Abd-el-Kader. La question de la frontière n'avait à ce moment qu'une importance très secondaire; aussi nos négociateurs se montrèrent-ils, par ordre, conciliants sur ce chapitre, et le tracé adopté fut-il, en grande partie, celui que proposèrent les Marocains (1). On a souvent écrit depuis lors que les plénipotentiaires musulmans abusèrent de l'ignorance de leurs adversaires pour leur faire accepter des conditions désavantageuses. Vraie ou fausse, probablement exagérée, cette accusation n'a plus aujourd'hui qu'un intérêt historique. Le traité traça une ligne de frontière absolument arbitraire dans le Tell, jusqu'au Teniet-es-Sassi, à l'entrée des hauts plateaux. Au sud de ce col on jugea inutile d'établir une limite, « puisque la terre ne se laboure pas » ; on se contenta de répartir les tribus entre les deux gouvernements. Plus au sud encore, dans le Sahara, on attribua certaines oasis à chacune des parties contractantes, et quant au désert proprement dit, « comme il n'y a pas d'eau, déclare le traité, et qu'il est inhabitable, la délimitation en serait inutile ». De nombreux écrivains ont taxé de ridicule cette manière de procéder; elle ne manquait cependant pas de logique, et répondait assez exactement aux conditions physiques et sociales des pays auxquels elle s'appliquait. Par le mauvais tracé de la frontière dans le Tell, cette

(1) Nous obtînmes cependant que la frontière partirait de l'oued Kiss, au lieu de partir de la Tafna, comme le demandaient les Marocains. Cette concession n'était pas sans importance.

convention devait être l'occasion de nombreux conflits entre des populations que sépare seulement une ligne idéale, et dont la condition politique est très dissemblable, puisque les unes obéissent à l'autorité française, tandis que les autres sont livrées à l'anarchie la plus entière. D'autre part, par le manque de précision de la situation qu'elle créait dans le Sud, au point de vue international, elle a été l'une des causes des hésitations de notre politique dans cette région. Cependant si le gouvernement français avait accepté franchement l'état de choses qui résultait du traité, ses défectuosités auraient disparu dans la pratique. Le makhzen n'a jamais dénié à la France le droit de châtier les pillards de l'autre côté de la frontière, et l'expédition des Béni-Snassen en 1859 n'a provoqué aucune protestation de sa part. Dans tout le sud oranais nous aurions eu les mains libres, et, à la condition de respecter les oasis d'Ich et de Figuig, réservées au Maroc, nous aurions pu pousser notre occupation aussi loin que nous aurions voulu sans craindre aucune réclamation de la part du Sultan : tous les territoires que le traité n'avait attribués à aucun des contractants, se trouvant sans maîtres, pouvaient devenir possession du premier occupant, et la France n'avait qu'à le vouloir pour jouer ce rôle. Malheureusement, on a suivi une politique toute différente. On n'a jamais voulu admettre, en dépit de l'évidence, que dans cette région il n'y eût pas de frontière, on en a tracé une dans les hauts plateaux, contrairement aux termes du traité; on aurait voulu la prolonger dans le Sahara, et dans le Nord faire modifier à notre avantage le tracé reconnu défectueux de 1845. Dans cette dernière région, chaque fois que nos tribus avaient à se plaindre de leurs voisines, et cela se produisait fréquemment, une réclamation était adressée au gouvernement chérifien, bien innocent de faits qui s'étaient passés dans un territoire indépendant de son action, et où il était incapable de maintenir l'ordre. Le Sultan cependant, plutôt que d'avouer son impuissance, préférait payer l'indemnité qu'on lui réclamait, mais maudissait à part lui l'importunité de la France et ses injustes réclamations, ce qui ne pouvait que faciliter les menées de nos adversaires. Sous l'inspiration du service des Affaires indigènes, le Gouvernement général de l'Algérie aurait voulu davantage. Tout son effort, toute sa politique, qui n'a jamais varié jusqu'à ces derniers temps (1), a toujours tendu à obtenir une rectification de la frontière délimitée dans le Tell et la prolongation du tracé dans le Sud. Cette question de la frontière était devenue pour beaucoup d'Algériens toute la question du Maroc (2). Mais le Ministère des Affaires Etrangères, qui ne voyait pas la question à ce point de vue exclusif, comprenait bien que soulever à Fez un semblable débat, c'était risquer d'ouvrir la porte aux demandes de compensations territoriales de tous nos rivaux, et il a toujours énergiquement résisté à ces

(1) M. Revoil a inauguré une politique différente, qui tient beaucoup mieux compte de la situation réelle des régions Sahariennes, et des relations de cette question purement locale avec l'ensemble de la question marocaine.

(2) Pour s'en convaincre, il suffit de lire les ouvrages des écrivains militaires algériens, tels que *Le Maroc* du capitaine Frisch, et *Notre politique au Maroc* du général Luzeux, qui ont appartenu tous deux au service des Affaires indigènes.

suggestions dangereuses. Ce manque d'entente, fort regrettable entre notre diplomatie et notre administration algérienne, a été l'une des causes de la stérilité de notre action au Maroc. Il provenait de ce qu'en Algérie on ne voulait pas appliquer dans son esprit le traité de 1845, et on ne se faisait pas une idée exacte des causes de l'état de trouble qui règne sur la limite occidentale de notre territoire. On s'imaginait avec quelque naïveté que, si nous obtenions une bonne frontière, tout rentrerait dans l'ordre. Et cependant, si l'on suppose la frontière rectifiée conformément aux désirs souvent exprimés, l'Algérie étendue jusqu'à la Mlouia, ainsi que la presse de la colonie l'a réclamé longtemps, il est facile de comprendre qu'il n'y aurait rien de changé dans la situation : les difficultés actuelles se trouveraient déplacées, mais nullement diminuées. Ces difficultés sans cesse renaissantes ont en effet une seule et unique cause : l'état d'anarchie des tribus qui ne relèvent pas de notre autorité. Elles ne prendront fin que le jour où ces tribus seront soumises à une administration régulière, qui saura les maintenir dans le devoir, quel que soit d'ailleurs le nom que porte cette administration. Comme ce ne sont pas seulement les tribus en contact immédiat avec les nôtres qui vivent dans l'anarchie, mais bien, comme on l'a vu, toutes celles qui peuplent le Maroc jusqu'à l'Atlantique, un déplacement de frontière ne serait pas une solution. La sécurité ne reviendra sur notre frontière marocaine, comme elle est revenue sur notre frontière tunisienne, que le jour où le Maroc, comme la Tunisie, sera doté d'un gouvernement régulier.

La seconde solution, qui est la solution accommodante, a été envisagée en France ces dernières années, probablement sur des suggestions venues du dehors. Elle consiste en un partage du Maroc entre les diverses nations compétitrices. « La France, dit le capitaine Frisch (1), tout entière à l'œuvre de civilisation qu'elle poursuit en Algérie depuis 65 ans par son sang, son or et son génie, ne songe nullement à l'annexion du Maroc; tout au plus réclame-t-elle, en toute justice d'ailleurs, une rectification de sa frontière conforme aux intérêts et à la sécurité de sa grande colonie. Le rôle de l'Espagne au contraire est nettement tracé : c'est à elle que revient la mission d'apporter la civilisation et le bien-être aux populations marocaines. » Cette solution ne pouvait manquer d'agréer aux Espagnols, dont elle flatte la vanité et entretient les visées chimériques. C'est celle que préconise M. Silvela dans l'article de la « Lectura », que nous avons déjà cité (2). « Nos opérations, dit-il, ne pourraient en aucun cas causer des difficultés à la France, en ce qui concerne la possession du Touat, ni la libre communication de l'Algérie et du Sénégal et la prolongation de ses chemins de fer et son passage jusque dans l'Adrar. Même si l'on nous reconnaissait ces territoires, il est notoire que nous ne disposons pas de forces suffisantes pour les utiliser. Contentons-nous des extensions territoriales de Ceuta, de Melilla et des plaines fertiles des rives de l'Atlantique. » Ce projet de partage supposerait l'assentiment préalable du gouvernement anglais. En admettant qu'il fût obtenu, il faudrait encore solliciter celui de l'Alle-

(1) *Le Maroc*, p. 392.
(2) *Bulletin du Comité de l'Afrique française*, septembre 1901.

magne, et cette puissance, poussée par son parti colonial, dont les revendications ont été formulées par M. Th. Fischer, ne manquerait pas de réclamer pour sa part le sud de l'empire, le royaume de Marrakeuch, sur lequel elle a jeté son dévolu. Le Maroc maritime, la partie la plus riche de Maghrib, irait donc à nos adversaires, et à nous on laisserait les plaines désertiques du versant saharien de l'Atlas, et peut-être le massif montagneux, dix fois plus difficile à conquérir que notre Kabylie. Ce serait pour la France un marché de dupes, qui lui imposerait toutes les charges de l'opération sans aucune compensation appréciable. Elle ne peut d'ailleurs, nous l'avons démontré, entrer dans une combinaison semblable, qui mettrait l'Algérie à la merci de nos adversaires. Nous ne saurions tolérer l'Espagne ou l'Allemagne au Maroc, pas plus que l'Italie en Tunisie. L'Afrique du Nord est une par sa configuration géographique et par son organisation sociale ; elle ne peut appartenir qu'à un seul maître. Si, faisant violence à la nature, et méconnaissant les enseignements de l'histoire, on la divisait entre plusieurs nations européennes, le résultat fatal de ce détestable expédient serait de mettre tôt ou tard aux prises les co-partageants, et de provoquer une guerre terrible, qui ruinerait l'œuvre admirable que nous avons accomplie dans cette partie du monde.

La troisième solution est la solution radicale, qui trouverait probablement des partisans parmi les officiers de notre armée d'Afrique : ce n'est rien moins que la conquête du Maroc par la France. Tous ceux qui ont étudié l'histoire de l'Algérie savent ce que nous a coûté en vies humaines et en argent la mise en application de cette méthode de colonisation, imposée peut-être par les circonstances.

Une expérience chèrement payée nous a appris toutes les difficultés d'administration qu'elle engendre, et nous a démontré que le cortège d'injustices, qu'elle traîne fatalement après elle, fait naître la haine dans le cœur des vaincus : ils s'inclinent devant la force, mais restent frémissants et hostiles, et n'attendent qu'une occasion favorable pour tirer vengeance de leurs vainqueurs. Serait-il sage de recommencer au Maroc une entreprise semblable, conduite uniquement par des procédés violents, pour obtenir un résultat qui reste forcément précaire ? Les difficultés à surmonter seraient incontestablement plus grandes qu'elles ne l'ont été en Algérie, puisqu'on trouverait un pays mieux préparé par la nature pour une résistance acharnée, et des populations aussi braves et accoutumées aux batailles, mais deux fois plus nombreuses. Que d'argent il faudrait dépenser, que de sang il faudrait répandre pour venir à bout de semblables obstacles ! Et lorsque, après une guerre dont la durée est impossible à prévoir, la France serait enfin maîtresse du Maroc, elle s'apercevrait que ce pays si riche, qui n'a besoin pour développer ses nombreux éléments de prospérité que de paix et de bon ordre, est ravagé par de longues années de luttes dévastatrices. Ce pays, à qui elle voudrait apporter les bienfaits de la civilisation, elle aurait commencé par le couvrir de ruines, et ainsi elle aurait achevé l'œuvre néfaste du gouvernement chérifien. On comprend que des considérations aussi puissantes inspirent de sérieuses réflexions à tous les hommes de bon sens. Aussi même parmi les coloniaux les plus ardents trouverait-on chez nous bien peu de personnes pour encourager ceux qui nous gouvernent à se lancer dans une entreprise aussi dispendieuse et aussi hasardeuse que la conquête du Maroc.

X

UNE SOLUTION QUI CONCILIE TOUS LES INTÉRÊTS

L'état de choses dont nous avons constaté l'existence au Maroc ne peut pas durer indéfiniment. Il n'est pas possible que ce riche pays, auquel la nature n'a presque rien refusé, reste toujours en dehors du courant général de la civilisation moderne. L'intérêt commun des nations qui se le disputent le commande impérieusement, et leurs compétitions maladroites ne font que retarder cet événement désirable pour toutes. Si l'on trouvait le moyen de tenir compte des intérêts légitimes de chacune d'elles, sans léser les droits de la population indigène, cette combinaison ne pourrait manquer de prévaloir, car dans les affaires humaines le bon sens et la raison finissent toujours par triompher.

De l'analyse impartiale à laquelle nous nous sommes livrés des divers intérêts en conflit dans l'empire des Chérifs, il résulte qu'à côté des intérêts commerciaux que chacune des puissances a le droit d'invoquer, les intérêts politiques réels, et dépouillés de toute phraséologie, si l'on se place sur le terrain des faits indiscutables et non sur celui des rêves et des vagues aspirations, peuvent se formuler comme suit : l'Espagne a le droit de réclamer la fin des perpétuelles attaques dont ses Présides sont l'objet, et des relations de bon voisinage avec les territoires dans lesquels ils sont enclavés ; l'Angleterre est parfaitement fondée à s'opposer à ce que la création d'établissements militaires nouveaux sur la côte marocaine du détroit de Gibraltar vienne modifier à son détriment sa situation dans la Méditerranée occidentale ; enfin la France réclame le rétablissement de l'ordre sur les confins de l'Algérie, et, en vertu du droit incontestable que lui confère l'existence de la grande colonie qu'elle a créée dans le nord de l'Afrique, elle s'opposera toujours, et par tous les moyens en son pouvoir, à l'établissement au Maroc d'une autre puissance. Toutes les nations sont donc intéressées à la naissance dans l'empire chérifien d'un ordre de choses régulier, qui mettra fin à tous les conflits de voisinage et qui ouvrira une ère de développements économiques dont bénéficiera le commerce général. Si cette organisation intérieure pouvait être opérée par le pays livré à ses seules forces, tout le monde serait satisfait. Mais l'histoire de tous les Etats musulmans montre qu'un pareil espoir est un leurre et les événements qui viennent de se dérouler dans le Maghrib achèvent de dessiller les yeux les plus prévenus.

Si donc la rénovation souhaitée doit lui venir du dehors, une seule puissance est en situation d'accomplir cette œuvre : c'est la France, parce que, nous l'avons établi, la situation qu'elle a acquise dans le nord de l'Afrique ne lui permet pas d'y tolérer le voisinage d'une autre nation, tandis qu'elle peut dominer au Maroc sans porter atteinte aux droits ni aux intérêts de personne.

Pour rassurer le commerce de tous les peuples, il lui est facile de prendre l'engagement de ne jamais établir sur les produits étrangers autre chose que des droits de douane très modérés. Elle aurait tort d'aller plus loin et de ne pas réserver pour ses produits nationaux sa liberté d'action : quelques avantages accordés à son propre commerce ne seraient que la légitime rémunération de la vaste entreprise qu'elle réaliserait à ses risques et périls, dans un intérêt international. Le Gouvernement britannique, qui se prépare à établir un régime douanier différentiel en faveur de ses propres colonies ne saurait le trouver mauvais. D'ailleurs le résultat à atteindre au Maroc est trop considérable pour qu'il s'arrête à un simple détail : le commerce anglais peut calculer les bénéfices que lui a valus l'établissement de colonies françaises en Algérie et en Tunisie ; le même phénomène se produirait au Maroc.

A l'Angleterre, la France promettrait solennellement de ne jamais élever de fortifications sur la côte marocaine du détroit de Gibraltar, de manière à respecter le *statu quo* militaire. Par la pacification du pays qu'elle s'engagerait à assurer, elle permettrait à l'Espagne de diminuer dans de fortes proportions les frais considérables qu'entraîne pour elle l'occupation des Présides, et les libérerait de la servitude dont se plaint à juste titre M. Silvela, ce qui leur rendrait toute leur valeur économique. Ainsi les droits de chacun seraient respectés, les intérêts légitimes recevraient satisfaction, et le Maroc, ouvert à toutes les activités, prendrait enfin sa place parmi les contrées qu'anime le souffle puissant de la civilisation moderne.

Cette grande œuvre de pacification, aucune nation n'est aussi bien préparée que la France pour l'entreprendre. L'un des écrivains espagnols que nous avons cités, M. Julian Ribera, n'a pas hésité à le reconnaître. « Il ne faut pas oublier, dit-il (1), que les aptitudes nécessaires pour s'emparer d'un pays par la force sont très distinctes de celles qui sont nécessaires pour le dominer dans la paix et pour en organiser la possession : si l'on n'a pas ces dernières, il ne faut pas entamer une guerre de conquête. Or, si même nous réussissions dans les opérations militaires, nous nous verrions à la fin dans la nécessité d'avoir recours aux moyens que possède la France, ce qui nous mettrait dans le cas de vivre à sa merci... Nous avons complètement négligé l'amitié des Maures, ou mieux, nous n'avons pas su l'acquérir... Enfin les Français par leur caractère et leur éducation, qui résultent de leurs institutions libres et de leur commerce avec les Algériens, peuvent être très tolérants avec les Maures, tandis que nous, Espagnols, nous ne saurions jamais si nous devrions marcher à coups de fusil ou à coups de couteau. » La Grande-Bretagne n'est pas mieux préparée. C'est ce qu'ont reconnu deux voyageurs anglais, MM. Ball et Hooker. « Il n'y a de progrès possible dans l'état lamentable du Maroc, écrivaient-ils en 1878 (2), que si ce pays passe sous la loi d'un peuple

(1) Article de la « Revista de Aragone » reproduit par le *Bulletin du Comité de l'Afrique française*, mai 1902.
(2) *Journal of a Tour in Marocco.*

civilisé assez fort pour briser promptement la résistance inévitable de la classe dirigeante, assez éclairé pour avoir à cœur la prospérité de la nation marocaine. Si nous nous demandons quel est le peuple européen indiqué par les circonstances comme le plus propre à réussir dans cette entreprise, nous n'en voyons pas de plus indiqué que le peuple français. La France a déjà mené à bien une tâche semblable dans la portion de l'Afrique septentrionale qui confine au Maroc ; elle a toute espèce de motifs d'ajouter à ses possessions un territoire qui offre de plus grandes ressources naturelles que celui qu'elle possède déjà. »

On ne saurait mieux dire. Seuls nous avons acquis en Algérie et en Tunisie une expérience des populations de l'Afrique du Nord qui nous évitera les tâtonnements et les erreurs. Seuls nous possédons un personnel d'administrateurs parlant l'arabe, et qui, rompu au maniement des musulmans arabes et berbères, n'aura aucune peine à se mettre au courant des affaires marocaines.

Par quel moyen la France accomplira-t-elle cette œuvre si digne de son génie ? Elle n'en viendra à bout qu'en employant une méthode que le chef éminent du parti colonial français, M. Etienne, a eu l'honneur, dans une occasion récente, de préconiser le premier (1). Cette méthode, depuis l'expérience si heureuse et si concluante qui en a été faite en Tunisie, est devenue populaire chez nous : c'est la politique de Protectorat. Grâce à elle, un peuple chrétien, répudiant les brutalités et les injustices forcées de la con-

(1) Conférence sur la Question Marocaine (*Quinzaine Coloniale* du 15 juin 1903.)

quête, peut apporter à un pays musulman, sans léser en aucune façon sa foi religieuse, le ressort qui lui fait défaut pour sortir de sa décadence et se relever de ses ruines. C'est le point d'appui extérieur qui est indispensable pour mettre en mouvement le levier des réformes régénératrices. Elle apporte l'esprit de méthode et la persévérance dans l'application des idées réformatrices qui font totalement défaut aux populations de l'Afrique du Nord abandonnées à elles-mêmes. Elle leur donne en même temps le moyen de corriger les vices de leur système gouvernemental et ramène avec le bon ordre la prospérité matérielle.

Comme tous les sytèmes nouveaux, le Protectorat a eu de la peine à se faire accepter. Les hommes qui avaient pratiqué en Algérie la fâcheuse méthode de la conquête, ou qui avaient assisté en spectateurs à son fonctionnement, même s'ils en avaient constaté les abus les plus criants, avaient rapporté de cette école et répandu autour d'eux des préjugés qui ne sont pas encore entièrement dissipés. Pendant longtemps on n'a pas vu en France dans le Protectorat, et cette erreur n'est pas encore entièrement dissipée, autre chose qu'une organisation transitoire destinée à amener peu à peu le pays, avec quelques ménagements, au même point que la conquête. C'est en méconnaître absolument l'esprit. Tandis que la conquête est destinée à faire table rase des institutions du vaincu pour leur substituer celles du vainqueur, ainsi que le montre toute l'histoire de l'Algérie jusqu'à ces dernières années, la politique de Protectorat conserve les institutions dont une longue série de siècles ont doté le peuple chez qui elle opère, les corrige en en extirpant les abus, et s'en sert pour améliorer l'état social et économique du pays. Les Etats musulmans, nous l'avons déjà dit, ne connaissent qu'une forme de gouvernement, le pouvoir absolu du successeur du Prophète, et ils sont incapables d'en comprendre une autre. Le souverain doit rester un autocrate, mais par une innovation sans précédent dans l'histoire des sociétés humaines, il devient un « autocrate contrôlé », c'est-à-dire qu'il n'est plus exposé à se laisser entraîner dans l'exercice de ses fonctions par ses passions ou ses caprices, comme un homme irresponsable de ses actes, et qu'il ne peut plus employer le pouvoir immense dont il ne cesse pas de disposer à la satisfaction de ses intérêts personnels, mais qu'il est obligé de s'en servir pour le bien de ses sujets. Son autorité ne subit aucune diminution. Cependant pour que sa volonté, toujours omnipotente, puisse se traduire par des actes, il est nécessaire qu'il se soit mis préalablement d'accord avec le représentant de la Puissance protectrice, qui a pour mission, non pas d'imposer une limite à son pouvoir, mais de l'empêcher d'en faire un usage arbitraire ou mauvais, de l'orienter dans le sens de la régénération du pays et du bien-être des populations. Comme l'exécution des ordres donnés par le souverain est surveillée à tous les degrés de la hiérarchie administrative par des agents spéciaux, appartenant à une autre race que les fonctionnaires indigènes, étrangers par conséquent à leurs préjugés et à leurs mauvaises habitudes héréditaires, et chargés de recueillir et de vérifier les plaintes de tous les administrés qui se croient lésés, il résulte de cette organisation que ministres et caïds, certains de ne pouvoir échapper au châtiment, cessent de prévariquer, et que les abus disparaissent. C'est ainsi qu'un même système de gouvernement, pratiqué dans un esprit différent, n'engendre au Maroc que la misère et la ruine, tandis qu'il assure à tous en Tunisie la sécurité et la justice. La forme gouvernementale que l'on trouve chez un peuple est la résultante de ses mœurs et de son histoire depuis de nombreux siècles : il est toujours dangereux de chercher à la modifier brusquement. Lorsqu'il s'agit d'un peuple musulman, dans lequel tous les individus sans exception sont élevés dans les mêmes idées et les mêmes pratiques, nourris des mêmes traditions, attachés aux mêmes coutumes par un lien aussi fort que celui de la foi religieuse, il y aurait folie à vouloir faire disparaître des institutions qui tiennent à toutes les fibres de leur être moral. Parce que dans nos sociétés européennes la forme du gouvernement n'a rien de commun avec la religion, nous avons la naïveté de croire qu'il peut en être de même dans la société musulmane, et par notre ignorance nous provoquons sans nous en douter des haines inexpiables. C'est là l'erreur capitale que nous avons commise en Algérie, et qui a causé tous nos déboires. Eclairés désormais par l'exemple que nous donne la Tunisie, où nous avons su l'éviter, nous nous garderons de la renouveler au Maroc. C'est d'accord avec le gouvernement chérifien qu'il faudra entreprendre la grande œuvre de la pacification et de la régénération de ce beau pays. Il est bien évident que la méthode suivie en Tunisie ne devra pas être copiée exactement, car les circonstances extérieures ne sont pas les mêmes ; mais c'est du même esprit qu'il conviendra de s'inspirer en se tenant en garde contre les impatiences qui nous porteraient à exiger des solutions plus hâtives que durables. Dans une entreprise aussi délicate que celle dont il s'agit, il importe de poursuivre fermement un but précis, mais il ne faut pas compromettre les résultats par excès de précipitation ou manque de prudence.

Le Sultan qui a senti que la nécessité de réformes radicales s'impose dans ses Etats, mais qui vient de constater aussi par une expérience cruelle qu'il ne dispose pas de la force matérielle nécessaire pour les réaliser, comprendra que son intérêt bien entendu est de s'appuyer sur nous pour les mener à bien. Lorsqu'il sera convaincu que la France, contrairement à ce que croient les hommes ignorants de son entourage, n'est animée d'aucune arrière-pensée hostile à l'égard de la religion islamique, et qu'elle ne désire que la prospérité du Maroc, il se rendra compte qu'il a tout avantage à échanger le pouvoir précaire et toujours à la merci d'une insurrection qu'il tieht de ses ancêtres, contre un pouvoir fort, garanti par une armée solidement disciplinée et une administration sérieusement organisée, dût-il le payer au prix d'un contrôle qui ne le gênera jamais, tant qu'il ne cherchera que l'intérêt de son peuple. Un accord est donc possible entre le Sultan et la France, puisque les deux parties sont également intéressées à le conclure.

Malgré les résistances qu'il faut toujours prévoir de la part des nombreuses personnes intéressées à perpétuer les vices du système de gouvernement actuel, on peut espérer que la masse verra d'un œil plutôt favorable l'établissement d'un régime nouveau, basé sur la justice, et qui apportera le bien-être avec la sécurité, sans pour cela porter à la religion aucune atteinte. « Déjà, dit M. Malavialle (1), l'attraction de l'Algérie en progrès sur le Maroc en décadence est sensible... Cent cinquante mille Marocains viennent tous les ans travailler dans la province d'Oran et sont à même d'y constater une tranquillité, un bien-être, un bonheur qu'ils n'ont pas, en même temps que la tolérance et le respect de la foi musulmane ; ils rapportent chez eux, une fois la saison des récoltes passée, avec un petit pécule, le souvenir et l'envie de tous ces bienfaits que la France a donnés à leurs frères en leur laissant la liberté de leur culte et de leurs mœurs. » Un voyageur très digne de foi, M. de Foucauld (2), écrivait il y a une vingtaine d'années : « Il est difficile d'exprimer la terreur dans laquelle vit la population (de Taza). Aussi ne rêve-t-elle qu'une chose, la venue des Français. Que de fois ai-je entendu les mulsulmans s'écrier : « Quand les Français entreront-ils ? Quand nous débarrasseront-ils enfin des Riata ? Quand vivrons-nous en paix comme les gens de Tlemcen ? » Et de faire des vœux pour que ce jour soit proche : l'arrivée n'en fait point de doute pour eux ; ils partagent à cet égard l'opinion commune à une grande partie de la population du Maroc oriental et à presque toute la haute classe de l'empire, savoir que dans un avenir peu éloigné le Marreb-el-Aqsa suivra le sort d'Alger et de Tunis et tombera entre les mains de la France. » Malheureusement pendant ces dernières années nous avons perdu beaucoup de terrain dans l'entourage du Sultan. Les intrigues de

(1) « La Question du Maroc » (extrait du *Bulletin de la Société Languedocienne de Géographie*, 1888).
(2) P. 32.

nos rivaux ont réussi à représenter la France comme une ennemie acharnée de la foi musulmane, et il sera difficile de faire tomber les préventions et les défiances qu'on a soulevées contre elle.

Cependant les événements actuels semblent nous faciliter la reprise d'une action énergique et suivie. Nos adversaires ont dû quitter Fez, débarrassant la place des influences rivales. De son côté, le Sultan, pour poursuivre la lutte qu'il soutient contre une insurrection, dans laquelle son trône chancelant a déjà failli être renversé, se voit dans l'impossibilité de se passer d'un secours extérieur. Ruiné par ses prodigalités extravagantes, privé de l'impôt que ses sujets révoltés ont cessé de payer, il cherche à contracter en Europe un important emprunt ; il ne l'obtiendra que s'il se décide à accorder des garanties. La seule dont pourront se contenter des prêteurs soucieux de leurs intérêts, sera l'exercice d'un contrôle sur les finances marocaines ; mais ce contrôle, pour être efficace, devra avoir pour objet non seulement les recettes de l'Etat, mais encore ses dépenses ; il devra donc englober l'ensemble de l'administration, où il introduira la régularité et l'honnêteté : c'est là précisément la réforme que le Sultan a déjà tentée, et qu'il a été impuissant à réaliser. L'aide de la France lui permettra de la mener à bonne fin, car outre des agents capables, il aura, grâce à elle, le moyen de transformer ses troupes indisciplinées en une armée solide qui aura facilement raison de tous les rebelles, saura maintenir partout l'ordre public et accroîtra progressivement l'étendue des territoires soumis.

Ainsi le concours de la France mettra fin à l'anarchie en restaurant l'autorité chérifienne. Il fera cesser les révoltes périodiquement amenées par les exactions des fonctionnaires de Makhzen, en supprimant les causes qui les provoquent. Avec une organisation semblable, la soumission des régions indépendantes, du « blad siba », ne serait plus qu'une question de temps, de patience et de dextérité. Actuellement on s'explique très bien que leurs habitants reçoivent à coups de fusil les collecteurs d'un impôt qui sera dépensé en totalité par le Sultan et sa cour, sans le plus mince avantage pour les contribuables. Lorsqu'ils sauront qu'il n'en est plus ainsi dans les territoires soumis, que l'ordre et la justice y règnent, que des travaux publics appropriés au pays facilitent les transactions et amènent de l'argent, ils n'auront plus les mêmes raisons de résister à leur souverain légitime, et les hommes intelligents qui ne peuvent manquer de se trouver parmi eux appelleront de tous leurs vœux la fin de l'état d'anarchie qui met continuellement les fractions aux prises les unes avec les autres. Alors l'habile diplomatie du Makhzen aura beau jeu pour amener tribu après tribu à une soumission qui sera définitive.

Ces grands résultats pourront être atteints par les seuls efforts de l'administration et de l'armée marocaines, contrôlées et organisées grâce au concours de la France, sans que l'armée française ait à intervenir, sans que notre drapeau soit engagé. Le concours financier que cette politique réclamera de la part du contribuable français sera également presque nul, puisque les frais en seront supportés par le budget marocain. On peut être assuré que le jour où les finances de l'empire chérifien seront administrées avec honnêteté, avec ordre et avec économie, elles permettront de faire face à toutes les dépenses utiles. Les ressources naturelles de tout genre dont nous avons constaté l'existence dans ce beau pays, d'après le témoignage des voyageurs les plus sérieux, sont assez nombreuses pour rassurer pleinement à cet égard.

On ne saurait trop insister sur ces deux considérations : l'inutilité de toute expédition militaire française, et l'absence de ces dépenses qui ont grevé si lourdement le début de la plupart de nos entreprises coloniales. Elles sont en effet de nature à réfuter les seules objections que l'on élève dans notre pays contre tout projet d'action au Maroc, et à nous encourager à envisager de sang-froid le grand devoir qui s'impose à notre nation dans cette partie de l'Afrique.

Jamais des circonstances aussi favorables que celles d'aujourd'hui ne s'étaient présentées pour donner à notre œuvre, dans l'Afrique du Nord, la consécration définitive que lui apportera le règlement à notre profit de la question marocaine. La France, appuyée dans sa politique extérieure par le puissant empire russe, voit la Grande-Bretagne, en qui elle rencontrait jusqu'ici, dans toutes ses entreprises d'outre-mer, une rivale jalouse et peu conciliante, montrer le désir sincère de liquider les vieilles querelles et de vivre désormais avec elle dans une « entente cordiale ». C'est là ce que le roi Edouard est allé déclarer solennellement à Paris, et ce que le peuple anglais, dans un élan unanime, a manifesté par les acclamations enthousiastes dont il a salué à Londres le Président Loubet. Pour faire passer dans les faits ces dispositions si heureuses pour la paix du monde, l'un des premiers actes qui paraissent indiqués à la diplomatie anglaise doit être de renoncer à la politique d'opposition systématique aux intérêts français, qu'elle a toujours suivie au Maroc comme en beaucoup d'autres points du globe. Si elle unissait ses efforts à ceux de la diplomatie française, elle parviendrait peut-être à montrer au Sultan que son intérêt bien compris le pousse à suivre docilement les conseils de la France. De même que c'est à la suite d'une entente avec l'Angleterre que nous avons pu réussir à constituer sur le continent africain cet immense empire colonial qui assurera dans les siècles futurs la grandeur de notre pays, de même un accord avec cette puissance peut seul nous donner au Maroc la liberté d'action dont nous avons besoin pour achever notre œuvre dans l'Afrique du Nord.

Jules Ferry, installé depuis peu au ministère des Affaires Etrangères, trouva dans les archives une dépêche de Lord Salisbury adressée à l'ambassadeur d'Angleterre à Paris, et qui avait été communiquée à l'un de ses prédécesseurs, M. Waddington. « Il est simple, écrivait le Premier Ministre de Grande-Bretagne, d'expliquer en les résumant les vues du gouvernement de S. M. Britannique, relativement à l'action de la France en Tunisie. L'Angleterre n'a point en ces parages d'intérêts particuliers qui puissent l'amener en aucune façon à voir avec défiance l'influence légitime et croissante de la France, influence qui résulte et de la présence de la France en Algérie avec de grandes forces militaires, et de l'œuvre de civilisation qu'elle accomplit sur le continent africain, à la grande admiration du gouvernement de S. M. Britannique. La pression que le gouvernement français, dans une telle situation, exercera, quand il le voudra, sur le gouvernement tunisien, est donc non seulement naturelle, mais inévitable. La chute même du gouvernement du Bey, si elle devait arriver, ne changerait rien à l'attitude de l'Angleterre, qui n'a là ni intérêts ni intentions propres. » « Vingt-quatre heures, a raconté Jules Ferry, après avoir lu la dépêche de Lord Salisbury, j'avais décidé que je ne quitterais pas le pouvoir sans que la Tunisie fût devenue française (1). » Et il écrivait plus tard, à propos de ce remarquable épisode de sa carrière politique (2) : « *Notre seul mérite fut d'oser et d'agir à l'heure opportune.* »

Actuellement, la situation de la France à l'égard du Maroc est identiquement semblable à ce qu'elle était vis-à-vis de la Tunisie avant 1881, et la situation de l'Angleterre, en face des deux pays et aux deux époques, ne diffère pas sensiblement. Si l'on fait abstraction de la question militaire dans le détroit de Gibraltar, au sujet de laquelle nous pouvons sans aucun inconvénient donner les assurances les plus formelles, ce qu'écrivait Lord Salisbury de la Tunisie après le congrès de Berlin pourrait s'appliquer textuellement au Maroc après la double entrevue de Paris et de Londres.

Aussi ne faut-il pas être surpris de voir les publicistes anglais les mieux au courant des affaires marocaines pousser la France à une intervention directe. M. Harris, correspondant du *Times* à Tanger, écrivait tout récemment dans la *National Review :*

(1) « Le tunisien », article de M. Stéphane Lauzanne dans le *Matin* du 25 avril 1903.

(2) *La Tunisie avant et depuis l'occupation française*, par Narcisse Faucon, *Lettre-préface* de Jules Ferry.

« Celui qui écrit cet article est resté de longs mois à la cour du Maroc ; il a passé chaque jour une heure ou deux avec le Sultan, et il n'a aucune hésitation à dire que Mouley Abd-el-Aziz est le Maure le plus intelligent qu'il ait jamais rencontré pendant de longues années de sa résidence au Maroc. Malheureusement son autorité est aujourd'hui très petite ; *c'est seulement avec l'aide et l'assistance d'une puissance étrangère* qu'il pourra être remis dans la position qu'il est, sans aucun doute, par sa nature, parfaitement apte à remplir. *Il n'y a pas à penser que cette puissance puisse être l'Angleterre ;* il est complètement en dehors de notre politique de nous engager dans une pareille entreprise. En outre, *la France,* qui surveille jalousement ses intérêts politiques au Maroc, *ne nous permettrait pas d'intervenir ;* nous n'aurions du reste aucune excuse à le faire en dehors de la raison sentimentale d'aider un Sultan qui, pendant son court règne, a toujours montré la plus grande amitié pour l'Angleterre. *Et cependant l'intervention est nécessaire,* si les affaires continuent à suivre le même cours. L'anarchie règne au Maroc, la banqueroute est imminente ; l'argent à lui seul d'ailleurs, sans une garantie en ce qui concerne la manière dont il serait dépensé, serait pis qu'inutile. Les 900.000 livres qui ont été empruntées ont été gaspillées, et la position du Sultan n'est pas meilleure maintenant qu'elle était auparavant. *La situation demande plus qu'une aide financière; elle exige une main qui guide :* elle peut même demander davantage.

« Nous n'avons d'autre alternative que celle-ci: *ou bien l'intervention de la France,* la seule puissance qui entreprendrait une pareille tâche, ou un état d'anarchie impossible à imaginer, dans lequel le jeune Sultan qui n'a jamais cessé de désirer des améliorasions et des réformes, ne manquerait pas de disparaître. Assurément dans ces conditions, il n'y a pour nous qu'une solution acceptable : que la France garantisse la neutralisation du détroit de Gibraltar, du moins sur sa côte méridionale ; qu'elle assure la porte ouverte au commerce de toutes les nations ; et si elle intervient, que ce soit sa tâche de maintenir le *statu quo* avec cependant des droits reconnus et incontéstés à exercer une influence prépondérante dans la politique marocaine et un contrôle sur les finances du Maroc. Que sa direction et ses avis fortifient la main du Sultan, restaurent la paix et l'ordre dans le pays. Il n'est pas besoin du protectorat déclaré, car une telle déclaration provoquerait le fanatisme des tribus, mais la France se contenterait sans doute du droit de diriger la politique du Sultan en maintenant le *statu quo* au Maroc. Elle bénéficierait de l'autorité religieuse du Sultan et des facilités que lui donne un régime approprié au tempérament de la population du pays. Ainsi abritée contre le fanatisme, elle pourrait travailler vraiment dans l'intérêt de la paix et de la sécurité des personnes et des biens, comme elle le fait avec un si grand succès dans d'autres parties du monde. La France partage avec l'Angleterre l'honneur d'être la plus civilisatrice des puissances. *Pour bien des raisons, le Maroc est pour l'Angleterre un pays fermé, un terrain interdit* (a closed field) ; mais cela ne doit pas nous empêcher de permettre à une puissance, avec laquelle nous sommes heureusement en si bons termes, d'entreprendre une œuvre de progrès et de civilisation. »

De son côté, le *Standard* disait en novembre 1903 : « Nous ne désirons ni gouverner, ni même protéger les Maures. Ce qui intéresse les négociants anglais, c'est de savoir dans quelle mesure nous permettrons à l'influence française de s'exercer activement. *Nous nous sommes délibérément effacés à la cour du Sultan et nous avons permis à la France d'affirmer ses prétentions à être la protectrice naturelle des Arabes et des Berbères, du golfe de Gabès au cap Spartel.* Cet abandon du *Foreign Office* semble faire partie d'un plan ayant pour objet d'abandonner le Maroc à la France en échange de concessions sur d'autres points de globe. »

Nous ne pouvions souhaiter entendre de la part de nos voisins un langage plus explicite.

Il semble que le moment ne soit pas éloigné où notre pays sera amené par les circonstances à mettre la main à l'entreprise à la fois glorieuse et utile pour ses intérêts matériels de la régénération du Maroc. Laisser passer sans en profiter une occasion qui ne se représentera plus aussi favorable, serait renouveler la faute à jamais regrettable que nous avons commise en Egypte.

TABLE DES MATIÈRES

FIN DE LA TABLE

Saint-Amand (Cher). — Imprimerie BUSSIÈRE.

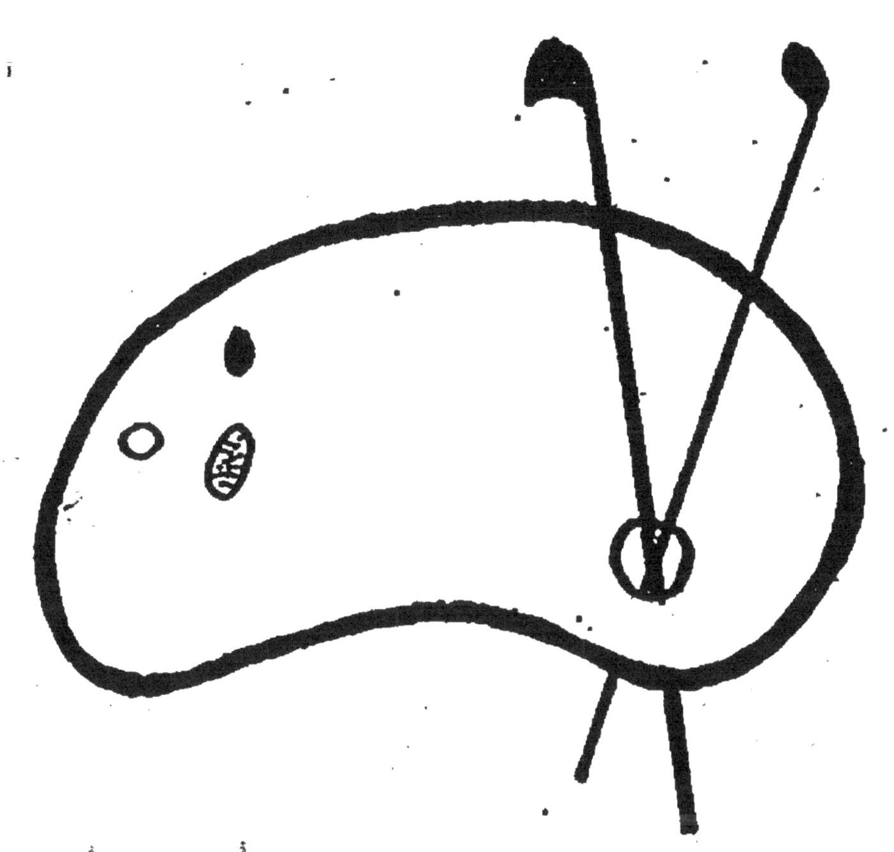

www.ingramcontent.com/pod-product-compliance
Ingram Content Group UK Ltd.
Pitfield, Milton Keynes, MK11 3LW, UK
UKHW020251250726
13967UKWH00004B/1623

9 782012 892378